Lonely  planet

DE CERCA
CHICAGO

AF276729

Lauren Keith

Sumario

Arriba: perfil urbano de Chicago.
Abajo: paseo fluvial (p. 48).

Puesta a punto 4

Explora Chicago 33

Guía práctica 143

DESDE ARRIBA A LA IZDA. ANASTASIA VAS/SHUTTERSTOCK © SEAN PAVONE/SHUTTERSTOCK ®

★ Imprescindible

El viaje empieza aquí

Chicago es el equivalente de Nueva York en el Medio Oeste de EE UU, un agujero negro urbano cuyo magnetismo atrae irremediablemente. Su grandiosa arquitectura es uno de sus principales atractivos, desde los primeros rascacielos de la historia hasta las obras maestras de Frank Lloyd Wright.

Con un ambiente mucho más relajado que el de las metrópolis de la costa este, Chicago da la bienvenida a todo el mundo.

Lauren Keith *@noplacelike_it*
Lauren es una escritora de viajes que vuelve a enamorarse de Chicago una y otra vez en los 20 años que lleva visitándola.

COLABORADORES

Karla Zimmerman
@karlazimmerman
Karla escribe sobre viajes y curiosidades cuando no come dónuts y anima a los Chicago Cubs desde el sofá de casa.

Meena Thiruvengadam
@meenathiru
Meena, fundadora de *travelwithmeena.com*, escribe sobre turismo, arte y cultura.

Perfil urbano de Chicago.
SBYTOVAMN/GETTY IMAGES ©

LO MEJOR

Experiencias arquitectónicas

El Gran Incendio de 1871 arrasó más de 17 000 edificios, pero también avivó toda una revolución arquitectónica: proyectistas jóvenes y ambiciosos acudieron a Chicago para plasmar ideas atrevidas en un paisaje que era como un lienzo en blanco.

Hacer un crucero por el río Chicago de la mano del **Chicago Architecture Center** para admirar deslumbrantes edificios. (p. 45; foto arriba izda.)

Subir a la planta 103ª de la **Willis Tower** para ver Chicago a través de un suelo de vidrio. (p. 44)

Mirar por las ventanas inclinadas del observatorio **360 Chicago**, en lo alto del John Hancock Center (875 North Michigan Ave). (p. 73)

Admirar las mansiones de **Astor Street,** donde vive la élite de Chicago desde la década de 1880. (p. 75)

Explorar el **Rookery** y otras joyas arquitectónicas del Loop, desde los primeros rascacielos hasta las modernas torres. (p. 49; foto arriba dcha.)

Visitar el que fue hogar de Frank Lloyd Wright durante 20 años en **Oak Park,** donde se halla la mayor concentración mundial de edificios suyos. (p. 140)

Dcha.: 360 Chicago (p. 73).

LO MEJOR

Museos para todos

El mayor dinosaurio del mundo. La mejor colección de cuadros impresionistas fuera de Francia. El museo de ciencia más grande del hemisferio occidental. Cada año, las superlativas instituciones de Chicago atraen a millones de visitantes deseosos de explorar sus tesoros.

Embobarse ante obras de Monet, Picasso y Van Gogh y una enorme pintura puntillista de Seurat en el vasto **Art Institute of Chicago.** (p. 42)

Ver un submarino alemán de la II Guerra Mundial y una mina de carbón a escala real y en el **Griffin Museum of Science & Industry.** (p. 138; foto arriba izda.)

Familiarizarse con pintorescas formas de arte popular en el **National Museum of Mexican Art,** la mayor institución de cultura latina en EE UU. (p. 135)

Examinar el esqueleto del tiranosaurio *Sue,* imponentes tótems y majestuosas momias en el **Field Museum,** uno de los centros de investigación científica más importantes del mundo. (p. 130)

Vagar entre equipos antiguos y fascinantes exposiciones sobre la historia de la cirugía en el **International Museum of Surgical Science,** sito en una mansión junto al lago. (p. 76; foto arriba dcha.)

Dcha.: Field Museum (p. 130).

LO MEJOR

Actividades junto al agua

El lago Míchigan baña Chicago de norte a sur, un inmenso mar de agua dulce cuyas olas espumosas se pierden en el horizonte. Varios parques públicos se extienden por casi todas sus orillas.

Estirar las piernas por **Navy Pier,** un muelle que se adentra 800 m en el lago y regala bonitas vistas del perfil urbano, sobre todo desde la noria de 60 m. (p. 60)

Unirse a los lugareños que hacen ejercicio, practican deporte o se broncean en la playa de **Lincoln Park,** la mayor zona verde de Chicago. (p. 82)

Divertirse bajo el sol con un baño en el lago, una clase de yoga o una sesión de *footing* en la **playa de North Avenue.** (p. 83; foto arriba izda.)

Flotar entre relucientes torres de acero y hormigón que forman cañones urbanos en el río Chicago o remar por el vasto lago Míchigan con **Wateriders,** la agencia de alquiler de kayaks más antigua de la ciudad. (p. 65)

Deambular por los 2 km del **Riverwalk,** salpicado de cafeterías al aire libre y bares a la sombra. (p. 48; foto arriba dcha.)

Dcha.: Navy Pier (p. 60).

Experiencias típicas

Chicago está muy presente en el imaginario colectivo estadounidense, ya sea por sus rascacielos, por la canción que le dedicó Sinatra o por la escena de *Todo en un día* en que Ferris Bueller visita el Art Institute.

Pasar una tarde en las gradas del **Wrigley Field** animando a los Chicago Cubs con un perrito caliente y una cerveza. (p. 92)

Escuchar *blues* en **Buddy Guy's Legends,** el evocador club del célebre guitarrista. (p. 49; foto izda.)

Devorar un trozo de *deep-dish pizza,* gruesa y rebosante de queso que, según algunos aseguran, se inventó en la **Pizzeria Uno.** (p. 66)

Reírse a carcajadas en **Second City,** club de comedia donde comenzaron muchas estrellas. (p. 86)

Verse reflejado en **'Cloud Gate',** escultura con forma de judía (de ahí su apodo, "The Bean") y sacarse un selfi con el perfil urbano de fondo. (p. 38)

Dar con el **cartel de la Route 66:** la famosa "carretera madre" parte del centro de Chicago. (p. 47; foto arriba dcha.)

Dcha.: Wrigley Field (p. 92).

Sitios para comer y beber

Los gastrónomos adoran Chicago por sus peculiares platos típicos y sus galardonados restaurantes. Como colofón, varias cervecerías artesanales consolidadas dan rienda suelta a su creatividad.

Hincar el diente a una *deep-dish pizza,* la receta clásica de Chicago, en **Pizzeria Uno,** donde supuestamente se inventó. (p. 66; foto arriba izda.)

———————————————

Degustar un jugoso sándwich italiano de ternera, especialidad de Chicago famoso gracias a la serie *The Bear,* en **Al's #1 Italian Beef.** (p. 124)

———————————————

Disfrutar de catas en cervecerías y destilerías que ocupan antiguas fábricas de **West Loop.** (p. 120)

Intentar mantener la compostura al tragar un chupito de Malört (foto arriba dcha.), licor de sabor inusual, en algún antro de **Wrigleyville.** (p. 99)

———————————————

Despilfarrar en una inolvidable experiencia culinaria merecedora de tres estrellas Michelin en **Smyth** o sentarse a la mesa en otros restaurantes de primera categoría de Randolph St. (p. 123)

Lo mejor para niños

Observar chimpancés, leones y pingüinos en el **Lincoln Park Zoo** y dar de comer a gallinas y vacas en la granja del zoo. (p. 82)

———————————

Desenterrar huesos de dinosaurio, trepar por el cordaje de una goleta y crear arte en el **Chicago Children's Museum** antes de divertirse en las atracciones de Navy Pier. (p. 60)

———————————

Explorar un submarino, ver polluelos mientras salen del cascarón y perderse en un laberinto de espejos en el **Griffin Museum of Science & Industry.** (p. 138)

———————————

Elegir entre las zonas de juego del **Maggie Daley Park,** que incluyen un bosque encantado para pasear y un gran barco para jugar a navegar. (p. 41)

———————————

Divertirse en familia al aire libre con el mariposario, la exposición sobre ranas y el "paseo por la naturaleza" que ofrece el infravalorado **Peggy Notebaert Nature Museum.** (p. 86)

Lo mejor gratis

Aprovechar la gran oferta gratuita de **Millennium Park,** que incluye lecciones de yoga por la mañana, circuitos artísticos por la tarde y conciertos al anochecer (en verano). (p. 38)

———————————

Acudir al **Chicago Cultural Center** para disfrutar sin pagar de muestras de arte, proyecciones de películas y visitas guiadas de 1 h por el centro. (p. 50)

———————————

Asistir boquiabierto a **Art on the Mart,** psicodélico y cambiante espectáculo de luces que se proyecta cada noche en el mayor edificio comercial del mundo. (p. 64)

———————————

Seguir **The 606,** sendero para peatones y ciclistas adornado con arte público que recorre una antigua vía férrea elevada. (p. 110)

———————————

Deambular por **Lincoln Park,** oír el rugido de los leones en el zoo, oler flores exóticas en el invernadero y descubrir un plácido estanque de nenúfares oculto. (p. 82)

Tres días perfectos

La tercera ciudad más poblada de EE UU es muy grande, pero se puede conocer una buena parte con algo de planificación. Estas son algunas ideas para empezar.

Cruz Blanca (p. 121).

PRIMER DÍA

Si solo se dispone de un día

MAÑANA

El crucero que organiza el **Chicago Architecture Center** (p. 45) permite admirar la gran cantidad de rascacielos de la ciudad. En **Millennium Park** (p. 38; foto), la escultura "The Bean" refleja el perfil urbano.

TARDE

Se aconseja visitar el **Art Institute of Chicago** (p. 42), segundo museo de arte más grande del país, así como subir a la planta 103ª de la **Willis Tower** (p. 44) para contemplar la ciudad a través del suelo de vidrio.

NOCHE

Tras cenar en uno de los muchos restaurantes de Randolph St, en West Loop, se puede tomar una cerveza artesanal en **Cruz Blanca** (p. 121) o un original cóctel en **Aviary** (p. 125), ganador del Premio James Beard.

SEGUNDO DÍA

Un fin de semana

MAÑANA

Para empezar, un rato de compras por el tramo de Michigan Ave apodado **Milla Magnífica** (p. 63). Luego, se da un paseo por los 800 m de **Navy Pier** (p. 60; foto) y se sube a la altísima noria del muelle.

TARDE

Se toma un taxi acuático hasta el Museum Campus para ver dinosaurios y gemas en el **Field Museum** (p. 130), tiburones en el **Shedd Aquarium** (p. 134) y meteoritos y cápsulas espaciales en el **Adler Planetarium** (p. 134).

NOCHE

En las calles principales del barrio de Wicker Park abundan los bares; se recomienda buscar el acceso a **The Violet Hour** (p. 114), moderno *speakeasy* que sirve cócteles galardonados, y probar las cervezas "botánicas" de **Forbidden Root** (p. 113).

TERCER DÍA

Una escapada

MAÑANA

Se empieza el día en la **playa de North Avenue** (p. 83) para remojarse los pies en el lago Míchigan y encaminarse luego al norte atravesando el extenso y verde **Lincoln Park** (p. 82) para ver leones, cebras y osos en el **Lincoln Park Zoo** (p. 82), y oler flores exóticas en el **Lincoln Park Conservatory** (p. 82; foto).

TARDE

Más al norte, en el **Wrigley Field** (p. 92), se asiste a un partido de béisbol. Después, unos querrán practicar con el bate en **Sluggers** (p. 99) y otros, una cerveza en **Murphy's Bleachers** (p. 93), dos de los bares deportivos junto al estadio.

NOCHE

La diversión sigue en Wrigleyville y los bares de **Northalsted** (p. 94) frecuentados por la comunidad LGTBIQ+, incluido **Sidetrack** (p. 94).

Con más tiempo

Al sur, en Hyde Park, el **Griffin Museum of Science & Industry** (p. 138) alberga exposiciones en un enorme edificio construido para la Feria Mundial de 1893, incluido un submarino alemán, una mina de carbón a escala real y mucho más.

Se puede dar la vuelta al mundo sin salir de Chicago explorando sus barrios internacionales. Por ejemplo, ir gratis al **National Museum of Mexican Art** (p. 135) en Pilsen, almorzar *dim sum* en **Chinatown** (p. 134) tras admirar su ornamentada puerta y entrar en las iglesias, restaurantes y bares de **Ukrainian Village** (p. 111).

Chicago cuenta cada vez con más espacios fotogénicos e inmersivos: el **Museum of Ice Cream** (p. 65) triunfa en Instagram; el **Sloomoo Institute** (p. 65) anima a jugar con una sustancia viscosa; y el **WNDR Museum** (p. 122) apuesta por el arte digital.

Al atardecer, vale la pena subir 94 plantas hasta el observatorio **360 Chicago** (p. 73) y asistir a una obra teatral en el **Theater District** (p. 48).

Griffin Museum of Science & Industry (p. 138).

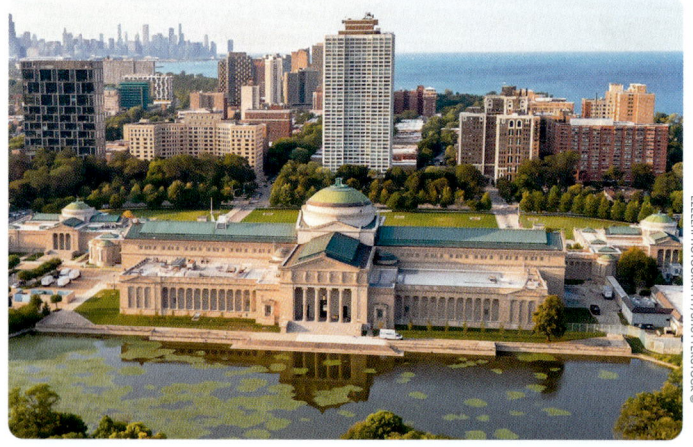

Una excursión

No hay que perderse las obras maestras de Frank Lloyd Wright en **Oak Park** (p. 140; foto), municipio en la periferia occidental de Chicago al que se llega fácilmente en metro (L) o cercanías (Metra). Aquí se halla la mayor concentración mundial de edificios diseñados por el arquitecto, incluidos su propio hogar y estudio, y el Unity Temple (1908), cubo de hormigón que acoge una iglesia unitaria.

Wright solo tenía 22 años cuando proyectó la casa de Oak Park (la primera de su carrera) en la que residiría dos décadas, de 1889 a 1909. Enseguida trazó planos para varios vecinos y acabó concibiendo 25 edificios en unos pocos kilómetros cuadrados.

En un día de lluvia

El Museum Campus acoge tres importantes museos cuya visita es perfecta para días lluviosos o de mucho calor. Se empieza por el **Field Museum** (p. 130), que es el mayor del trío y alberga prácticamente de todo; la estrella de su colección es *Sue,* el tiranosaurio rex más grande descubierto hasta la fecha.

Desde la salida este, lleva menos de 5 min alcanzar a pie el **Shedd Aquarium** (p. 134), donde apenas 13 cm de plexiglás separan al visitante de dos docenas de feroces tiburones y otras criaturas marinas. Para llegar al **Adler Planetarium** (p. 134; foto) basta andar 10 min desde el acuario o esperar el autobús nº 130 o 146.

Prepararse

ANTES DE PARTIR

Dos meses antes
Reservar el hotel y mesa en restaurantes de moda como Alinea (p. 88), Girl & the Goat (p. 123) y Smyth (p. 123).

Dos semanas antes
Reservar mesa en otros restaurantes y comprar entradas para eventos deportivos y exposiciones de museos populares.

Una semana antes
Buscar entradas de teatro a mitad de precio en hottix.org y visitar chicagoreader.com para consultas de ocio y reservas.

Costumbres

Propinas Se exigen siempre que haya servicio en mesa, a no ser que se indique lo contrario en la cuenta; lo habitual es dar al menos un 20%.

Fumar Está prohibido en el interior y las terrazas de bares y restaurantes.

Metro (L) No hay que obstruir las puertas. El móvil debe estar en silencio.

Escaleras mecánicas Hay que mantenerse en la derecha o subir por la izquierda.

Jerga local

The L Sinónimo de metro. La letra alude a "elevado", pues así eran los trenes al principio; ahora, también circulan por vías subterráneas, pero se mantiene el sobrenombre.

LSD Abreviatura de Lake Shore Drive, apodada "The Drive" y llamada oficialmente DuSable Lake Shore Drive.

'Slashie' Mezcla de bar y licorería.

Conviene saber

Criminalidad Se oye hablar de la alta tasa de homicidios de Chicago, si bien se concentran en unos pocos barrios del oeste y el sur. Las zonas turísticas son seguras. Hay que tomar las precauciones que dicta el sentido común.

Marihuana Illinois la ha legalizado con fines recreativos. Hay que tener al menos 21 años para comprar productos de cannabis en locales autorizados. Los residentes en el estado pueden poseer hasta 5 gr de concentrado de cannabis o 30 gr en flor, límites que se reducen a la mitad para los visitantes.

Alcohol en exteriores Es ilegal abrir cualquier tipo de recipiente con alcohol en público. Sin embargo, se hace la vista gorda durante la mayoría de los conciertos en Millennium Park, así como en Navy Pier si se compra *in situ*.

PROPINAS

No es opcional; para no dejar propina el servicio
debe haber sido realmente horrible.

+20%
Restaurantes

18-20%
Bares
18-20% por ronda

10-15%
**Taxis y servicios
de transporte
privado**

2-5 US$
Aparcacoches
2-5 US$ cuando
devuelven las
llaves

PRESUPUESTO DIARIO

Económico Menos de 150 US$

- Cama en albergue: **50 US$**
- Menú de almuerzo: **15 US$**
- Abono de 1 día para transporte público: **5 US$**
- Entrada con descuento a teatro o club
  de *blues:* **10-25 US$**

Medio Entre 150-350 US$

- Habitación doble en hotel o B&B: **175-275 US$**
- Cena y copa (restaurante informal) **50 US$**
- Crucero de arquitectura: **54 US$**
- Partido de los Cubs (grada): **75 US$**

Alto Más de 350 US$

- Habitación doble en hotel de lujo: **400 US$**
- Alinea (3 estrellas Michelin): **desde 325 US$**
- Entrada para la ópera: **200 US$**

Moneda
Dólar de EE UU (US$)

Idioma
Inglés

Hora local
Hora estándar
del centro (GMT/
UTC -6)

NISSRINE MAHMOUD/SHUTTERSTOCK ©

CONSEJO

Si se planea visitar las principales atracciones
de Chicago es buena idea hacerse con el
CityPass (citypass.com/chicago), que da
acceso a cinco de los principales puntos de
interés, incluidos el Art Institute (p. 42), el Shedd Aquarium
(p. 134) y la Willis Tower (p. 44), durante nueve días
consecutivos.

🗓 **Cuándo ir**

El verano es la mejor época para visitar Chicago, por la playa y los festivales, pero en primavera y otoño también tiene su encanto y hay menos gente. Ojo con las gélidas temperaturas invernales.

Chicago luce mejor en verano, su temporada alta. En cuanto llega el calor, todo el mundo se agolpa en playas, estadios de béisbol y cervecerías al aire libre. Además, los barrios acogen festivales cada fin de semana.

El gentío disminuye en septiembre y octubre, pero aún hace buen tiempo y la marcha continúa con un montón de eventos importantes. Pronto, el frío del invierno se hace sentir. Las luces navideñas transmiten alegría, los precios bajan y las muchedumbres se esfuman. La temperatura va subiendo en abril y mayo, lo que permite retomar actividades en el exterior.

Grandes juergas

Marzo El **Día de San Patricio** (p. 50), todo el mundo se siente irlandés. El sindicato de fontaneros tiñe el río Chicago de verde trébol (con un colorante biodegradable secreto) y hay un gran desfile por el centro. La gente abarrota bares y *pubs*.

Junio El **Chicago Blues Festival** (p. 50), evento gratuito de *blues* más multitudinario del mundo, da muestra de los ritmos típicos de la ciudad en múltiples escenarios de Millennium Park.

Junio El **Desfile del Orgullo** (p. 95) y sus coloridas carrozas constituyen la gran celebración del colectivo LGTBIQ+; más de 800 000 parranderos siguen el recorrido por Broadway St y Halsted St, en Lake View.

Agosto Unas 170 bandas, muchas de ellas de renombre, hacen gritar y sudar al público desde ocho escenarios en Grant Park durante

Clima

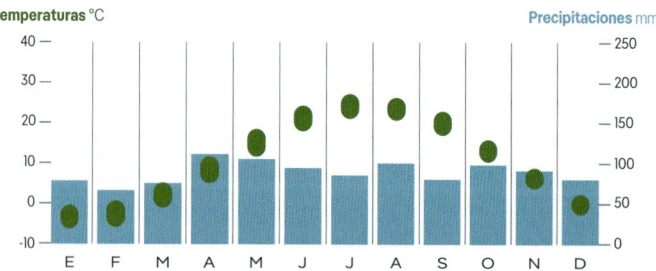

Temperaturas °C   Precipitaciones mm

Lollapalooza (p. 50).

los cuatro días del gran festival **Lollapalooza** (p. 50).

Fiestas de barrio

Enero o febrero Bailarines disfrazados de leones, petardos y desfiles caracterizan el **desfile del Año Nuevo chino de Argyle** por la calle principal de Little Saigon, en Uptown.

Agosto Artistas de todo el globo acuden a Chicago para pintar murales en West Town y West Loop con ocasión del **Titan Walls** (p. 111), junto a DJ y vendedores de comida.

Agosto En el **Bud Billiken Parade,** una larga procesión de carrozas, grupos de danza y otras formaciones se pavonean por Martin Luther King Jr Dr a través de Bronzeville hasta Washington Park.

Septiembre La **German-American Oktoberfest** imita la icónica fiesta de Múnich en Lincoln Square con cerveza y música *oompah* bajo carpas.

OFERTAS EN RESERVAS

Los meses con precios de alojamiento más bajos son enero, febrero y marzo, seguidos de abril, mayo, noviembre y diciembre. También sale más barato alejarse del Loop, Near North, Gold Coast y West Loop, sobre todo al viajar con un vehículo (el precio del aparcamiento en el centro es escandaloso).

Cómo llegar

Chicago tiene dos aeropuertos internacionales: O'Hare (ORD) y Midway (MDW); el primero, con vuelos directos a/desde más de 200 destinos, es uno de los mejor conectados de EE UU.

De los aeropuertos al centro

En metro

Ambos aeropuertos cuentan con sus respectivas estaciones de metro (L), servicio operado por Chicago Transit Authority (transitchicago.com). La estación de O'Hare está en la línea azul. Los trenes (5 US$) circulan ininterrumpidamente cada 10 min aprox. y llegan al centro en 40 min. La estación de Midway está en la línea naranja. Los trenes (2,5 US$) circulan de 4.30 a 2.00 con frecuencia de 15 min aprox. y llegan al centro en 30 min.

Se puede usar una tarjeta de débito o crédito sin contacto o comprar un billete o tarjeta recargable Ventra en las máquinas.

En taxi o vehículo con conductor

En los dos aeropuertos, las paradas de taxis están fuera de la zona de recogida de equipaje de cada terminal. Hay que tomar únicamente los que esperan allí para asegurarse de que tengan licencia. Todo vehículo debe estar dotado de taxímetro; de media, la carrera al centro cuesta 50 US$ desde O'Hare y 35 US$ desde Midway. También existe una tarifa plana compartida (24/18 US$/persona desde O'Hare/Midway).

Es posible solicitar vehículos de Uber y Lyft en ORD y MDW (en O'Hare, la recogida solo se efectúa fuera de la terminal 2); el precio es casi igual al de los taxis.

Otros puntos de entrada

Union Station

La grandiosa y columnada Union Station de Chicago, clave para Amtrak (amtrak.com), ofrece más servicios ferroviarios de larga distancia que ninguna otra del país, así como trenes regionales y de cercanías.

No existe conexión directa entre Union Station y la red de metro (L); la estación de Clinton (línea azul) se halla pocas manzanas al sur, mientras que la de Quincy (líneas marrón, naranja, púrpura y rosa) dista unos 800 m al este.

Terminal de autobuses

Greyhound (greyhound.com) y FlixBus (flixbus.com) son buenas opciones baratas; la estación de Harrison St queda algo al suroeste de Union St.

Cómo desplazarse

Como mayor ciudad del Medio Oeste, Chicago ofrece muchas alternativas al coche, incluida una extensa red de transporte público, patinetes eléctricos, taxis y las propias piernas. Conducir siempre es una opción, pero ojo con el intenso tráfico, el elevado precio de los garajes y las restricciones de aparcamiento en las calles.

Metro (L)

Este sistema de trenes elevados y subterráneos suele ser la forma más rápida de ir a la mayoría de las atracciones y barrios. Dos de las ocho líneas codificadas por colores –la roja y la azul– funcionan las 24 h; el resto están operativas cada día de 4.00 a 1.00 con frecuencia de 10 min aprox.

Autobús

Los autobuses cubren zonas donde no llega el metro desde buena mañana hasta la tarde-noche. El billete (tarifa estándar: 2,25 US$) incluye dos transbordos gratis en 2 h. El bus resulta muy útil para ir al Museum Campus (donde están el Field Museum y el Shedd Aquarium), el Griffin Museum of Science & Industry y el Lincoln Park Zoo.

Bicicleta y patinete eléctrico

Chicago tiene 700 km de vías ciclistas y un sistema de bicis compartidas, llamado Divvy (divvybikes.com) y gestionado por Lyft, con más de 800 estaciones y 15 000 bicis (normales y eléctricas) y patinetes eléctricos. Divvy, disponible en toda la urbe (606 km^2),

DE IZDA. A DCHA.: NADIR KEKLIK/SHUTTERSTOCK ©, VENTDUSUD/SHUTTERSTOCK ©

'APP' ESENCIAL

Descargar Google Maps (maps.google.com) permite consultar los horarios actualizados de trenes y autobuses.

---

es el mayor sistema de este tipo en Norteamérica. Los vehículos se alquilan por trayecto (1 US$ más 0,18 US$/min para bicis estándares) o día (18,10 US$ para viajes ilimitados de hasta 3 h cada uno en 24 h). Lime (li.me), Spin (spin. app) y Superpedestrian (superpe destrian.com) también alquilan patinetes eléctricos.

Taxi o vehículo con conductor

Circulan menos taxis amarillos por las calles de Chicago desde la aparición de aplicaciones como por ejemplo Uber (uber.com) y Lyft (lyft.com), pero aún se encuentran en el centro. La aplicación de taxis oficial en la ciudad es Curb (gocurb.com).

Barco

Navegar es una de las formas más pintorescas de moverse por Chicago. La ciudad cuenta con dos compañías de taxis acuáticos que surcan las aguas del río Chicago y del lago Míchigan en ciertas épocas del año.

Chicago Water Taxi (chicagowa tertaxi.com) ofrece tres rutas de marzo a octubre con paradas en Ogilvie/Union (West Loop), Michigan Ave (paseo fluvial) y Chinatown.

De finales de mayo a septiembre, Shoreline Water Taxis (shoreline sightseeing.com/water-taxis) zarpa de Navy Pier hacia el Museum Campus (ruta lacustre) y Union Station/Willis Tower (ruta fluvial).

Transporte público

Tarifas y billetes

El billete de metro (L) estándar cuesta 2,50 US$, 5 US$ a/desde el aeropuerto O'Hare. Se puede pagar con una tarjeta recargable Ventra (a la venta en las máquinas de las estaciones) o con una de débito o crédito sin contacto. Es posible comprar un billete sencillo para el metro o pagar en efectivo en autobuses de la Chicago Transit Authority (CTA), pero sale más caro: el billete de metro cuesta 3 US$ (no disponible en O'Hare), mientras que el de autobús se abona con el importe exacto y no incluye transbordos.

La tarjeta Ventra cuesta 5 US$, pero dicha cantidad se reembolsa como crédito de viaje si se registra en línea (ventrachicago.com) o en la aplicación.

Como no se pone un tope a las tarifas, para realizar más de dos trayectos al día sale a cuenta un abono (1/3/7 días por 5/15/20 US$).

Grupos

Se permite usar una sola tarjeta Ventra a un máximo de siete personas: cada viajero debe acercar al lector la misma tarjeta Ventra al acceder a la estación de metro, mientras que en el autobús basta decir al conductor cuántos viajeros son.

Retrasos y seguridad

La CTA, que gestiona la segunda mayor red de transporte público del país, atraviesa un momento difícil tras la pandemia de COVID-19 debido a la escasez de personal. Se ha reducido el servicio de metro y autobús (22 y 7%, respectivamente) y a menudo se producen retrasos.

Además, el metro puede estar en pésimo estado por culpa de pasajeros incívicos que fuman, tiran basura y hasta orinan en los vagones. Esta mala conducta es más desagradable y molesta que peligrosa, pero la CTA ha contratado a personal de seguridad externo para vigilar estaciones y trenes.

PRECIOS

Billete de metro (L) estándar para adulto
2,50 US$

Abono de 3 días
10 US$

Bici compartida Divvy
1 US$ +0,18 US$/min

PROTECCIÓN PARA PEATONES

El Pedway, sistema de túneles subterráneos en pleno centro, permite guarecerse de las inclemencias del tiempo.

BILLETES

La CTA ofrece una tarifa reducida para mayores, personas con discapacidad y niños de hasta 12 años; los menores de 7 años viajan gratis en compañía de un adulto con billete válido.

Tipo de billete	Estándar	Reducido
Metro (L)	2,50 US$	1,25 US$
Metro (L) desde el aeropuerto O'Hare	5 US$	1,25 US$
Autobús (Ventra)	2,25 US$	1,10 US$
Autobús (efectivo)	2,50 US$	1,25 US$

SERVICIO NOCTURNO

Metro (L)
Líneas azul y roja.

Autobuses
Hay 18 líneas que circulan día y noche (cada 30 min) y convergen en el Loop; se indican con un búho en la parada y una N antes del número de ruta.

27

Otra cara de Chicago

Los rascacielos y grandes museos de Chicago llaman la atención, pero quien explore la ciudad a fondo descubrirá tesoros ocultos.

La costa del Medio Oeste

A menudo, quienes planean visitar Chicago no se dan cuenta de que es un destino de playa gracias al vasto lago Míchigan.

La ciudad tiene más de 20 franjas de arena vigiladas por socorristas en verano. La natación es popular, aunque el agua está bastante fría. Algunas playas ofrecen servicios como puestos de comida, chiringuitos y puntos de alquiler de kayaks y material de surf de remo. Entre las favoritas destacan la **playa de Oak Street** (p. 73), a la sombra de los rascacielos, y la **playa de North Avenue** (p. 83), cuyo ambiente veraniego recuerda un poco el del sur de California. Cuando llega el calor, mucha gente se baña junto a musculosos jugadores de voleibol y niños que construyen castillos de arena.

La ciudad de Scarface

En 1919, el gánster Al Capone se mudó de Nueva York a Chicago, donde ascendió rápidamente en la jerarquía mafiosa hasta ser el capo de 1924 a 1931, cuando Eliot Ness lo arrestó por evasión de impuestos. Ness era el agente federal al mando de un equipo especial que se ganó el apodo de "Los Intocables" por su incorruptibilidad.

La Ley Seca, que prohibió fabricar, vender y transportar alcohol en EE UU de 1920 a 1933, impulsó el ascenso de la mafia de Chicago: las bandas criminales amasaron fortunas con el tráfico ilegal de cerveza, ginebra y otras bebidas alcohólicas, que solamente se podían consumir en *speakeasies* (locales clandestinos), muchos de los cuales aún existen como bares. **Twin Anchors** (p. 87), llamado entonces Tante Lee Soft Drinks, conserva intacto el pasadizo secreto entre la taberna y el edificio de apartamentos contiguo que se construyó para permitir la huida en caso de redadas. En el **Chicago History Museum** (p. 86) se expone un alambique usado para destilar licores durante la Ley Seca.

Un "apretón de manos"

A juzgar por la elegante sala de degustación de **CH Distillery** (p. 121), jamás se diría que este local de West Loop también produce Malört, el emblemático licor local. Carl Jeppson, ciudadano sueco que emigró a Chicago en la

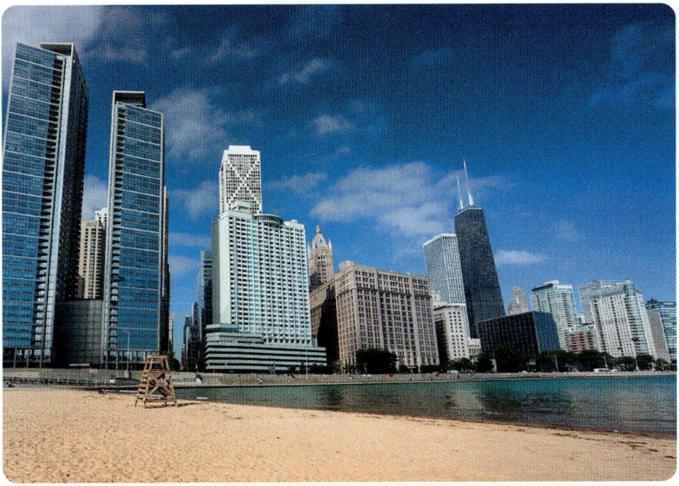

AEVANSTOCK/SHUTTERSTOCK ©

Playa de Ohio Street (p. 65).

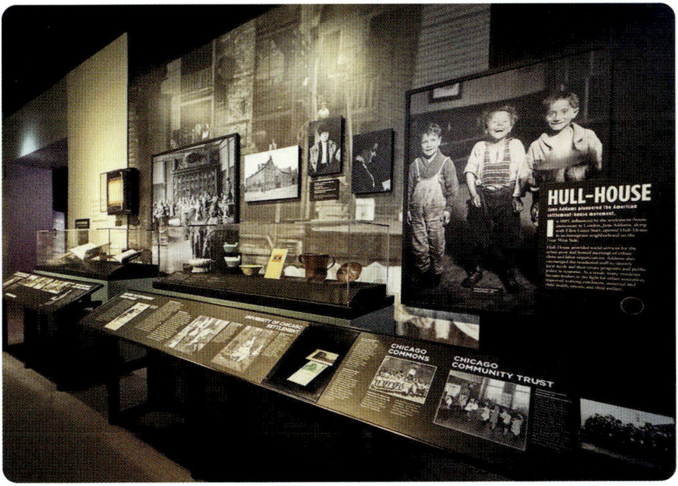

RITU MANOJ JETHANI/SHUTTERSTOCK ©

Chicago History Museum (p. 86).

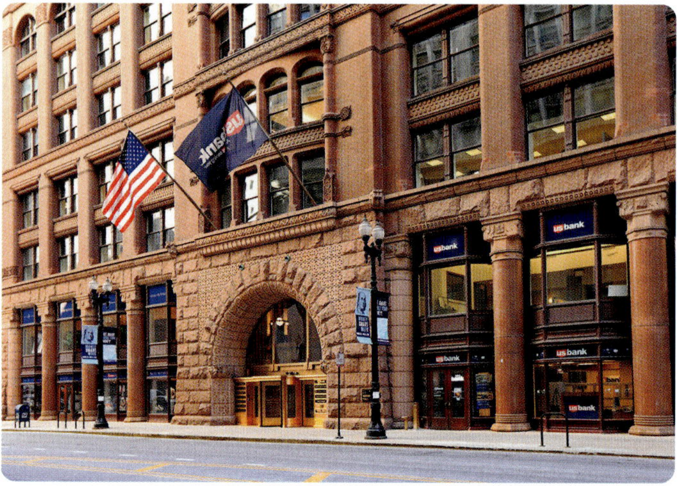

THOMAS BARRAT/SHUTTERSTOCK ©

Rookery (p. 49).

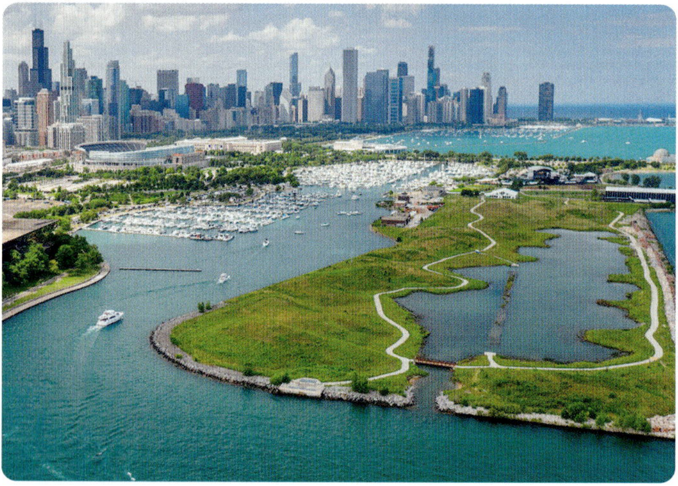

WIRESTOCK CREATORS/SHUTTERSTOCK ©

Isla Northerly (p. 135).

década de 1880, comercializó el Malört como medicina durante la Ley Seca. Hoy en día, casi todos los bares de la ciudad sirven esta bebida que, según quien la pruebe, sabe a virutas de lápiz, agua de canal, líquido de limpieza o calcetines sudados (el responsable es el ajenjo). El rito llamado "apretón de manos de Chicago" consiste en beber un chupito de Malört con una cerveza Old Style; se puede probar en cualquier antro de la ciudad.

El estilo de la pradera

En Chicago se erigió el primer rascacielos del mundo (el Home Insurance Building, de 10 plantas, completado en 1885 y demolido en 1931), pero también se originó un concepto arquitectónico opuesto: el estilo de la pradera. Frank Lloyd Wright, quien empezó su carrera en una de las grandes firmas de arquitectura de la ciudad, fue pionero de este movimiento cuyo objetivo era que las construcciones evocaran las llanuras, enfatizando las líneas horizontales con techos alargados y bajos e hileras de ventanas para integrar a la perfección el interior y el exterior.

El estilo de la pradera se considera la primera forma de arquitectura propiamente estadounidense; se puede contemplar su belleza en el **Rookery** (p. 49), la **Charnley-Persky House** (p. 76) –que Wright diseñó con solo 24 años y declaró "primer edificio moderno"– y su **hogar y estudio** (p. 141) en Oak Park.

El río Chicago

Muchas áreas metropolitanas de EE UU han descuidado sus vías fluviales, pero el río Chicago tiene un papel protagonista en la ciudad. El visitante puede hacer un popular crucero centrado en la arquitectura, ver cómo lo tiñen de verde trébol el Día de San Patricio junto a decenas de miles de juerguistas, explorarlo en un kayak de **Wateriders** (p. 65) o dar una vuelta entre bares y cafés por el **Riverwalk** (p. 48).

FUERA DE RUTA

- Examinar el inquietante instrumental quirúrgico del esotérico **International Museum of Surgical Science** (p. 76) en una vieja mansión.
- Llevarse del **Money Museum** (p. 51) una bolsita de billetes triturados y una foto con la maleta que contiene un millón de dólares.
- Ver la escultura de bronce de 10 m **'Pillar of Fire'** (p. 122) donde se originó el Gran Incendio de 1871.
- Pasear por la **isla Northerly** (p. 135), parque donde hubo un aeropuerto durante más de medio siglo hasta que el alcalde ordenó su repentina demolición.
- Buscar vestigios de la Feria Mundial de 1893 en el **Griffin Museum of Science & Industry** (otrora Palacio de Bellas Artes; p. 138) y el cercano Garden of the Phoenix.

Explora Chicago

Merece la pena

Circuitos a pie

Gold Coast (p. 69).
FELIX LIPOV/SHUTTERSTOCK ©

Sugerencias
de lugares para
comer, beber
y comprar en
p. 53

Explora
El Loop

El Loop, centro neurálgico de Chicago, recibe su nombre de las vías férreas elevadas que rodean sus concurridas calles. Aquí se encuentran importantes atracciones, como el Art Institute y sus incontables obras maestras, la estratosférica Willis Tower, el Theater District y sus luces de neón, y Millennium Park y sus esculturas. Los amantes de la arquitectura se sentirán como en una nube en la ciudad que inventó el rascacielos. Para admirar el perfil urbano, se aconseja hacer un crucero. Esta zona ha sido el corazón de Chicago desde que los primeros pobladores se asentaron en la desembocadura del río homónimo. Aquellos pioneros se asombrarían de la imponente jungla de acero y vidrio en que se ha convertido su aldea.

Cómo desplazarse

 A pie
Muchos puntos de interés distan poco entre sí, lo que invita a caminar.

 Bicicleta
Divvy, el sistema de bicicletas compartidas de Chicago, tiene numerosas estaciones en el Loop, incluidos Millennium Park y Grant Park. Se puede pedalear por los parques y el paseo fluvial, excepto en la zonas señaladas donde está prohibido.

 Metro (L)
Todas las líneas convergen en el Loop. La estación de Clark/Lake es útil para hacer transbordo; la de Washington/Wabash da acceso a los parques y la de Quincy, a la Willis Tower.

El Loop.
TRONG NGUYEN/SHUTTERSTOCK ©

LO MEJOR

CIRCUITOS
Chicago Architecture Center (p. 45)

PASEO JUNTO AL AGUA
Paseo fluvial (p. 48)

ESPACIO VERDE
Millennium Park (p. 38)

MUSEO DE ARTE
Art Institute of Chicago (p. 42)

FOTO
Willis Tower (p. 44)

A   B   C   D

1

Brazo norte del Río Chicago

Río Chicago

Merchandise Mart

Parada de LaSalle St de Chicago Water Taxi

66

Embarcadero 3

W Wacker Dr

61

333 W Wacker Dr

State/Lake

W Lake St

Chicago Theatre

Clark/Lake

Medieval Torture Museum

5

63

Nederlander Theatre

29

67

Goodman Theatre   10

2

N Franklin St

N Wells St

Magic Parlour   12 43 13 7

W Randolph St

Cadillac Palace Theatre   6

Edificio del condado y ayuntamiento

Richard J Daley Center   41

Teatro ZinZanni

42

N Wacker Dr

N LaSalle St

N Clark St

Hot Tix   11

N Canal St

34

Daley Plaza

Washington

W Washington St

Washington/ Wells

54

W Calhoun Pl

E Calhoun Pl

N State St

N Dearborn St

EL LOOP

3

Parada de Ogilvie/ Union de Chicago Water Taxi

W Madison St

W Madison St

S Canal St

Brazo sur del río Chicago

Chase Building

18

Sullivan Center

CIBC Theatre   9

Monroe

W Monroe St

S Clark St

S Wells St

S LaSalle St

Marquette Building   17

W Marble Pl

52

4

Willis Tower

W Adams St

Rookery   15

Chicago Federal Center

64

S Franklin St

31

Quincy

W Quincy St

51

Oficina de correos

Chicago- Union Station (Metra)

Parada de la Willis Tower de Shoreline Water Taxis

Color Factory

28 Money Museum

16

Jackson

S State St

W Jackson Blvd

5

65

71

58

H W Library

S Financial Pl

W Van Buren St

LaSalle/ Van Buren

S Federal St

S Dearborn St

27

Harold Washington Library Center

LaSalle   W Congress Pkwy

Más información

Imprescindible ⭐ p. 38
Experiencias ✪ p. 48
Comer 🍴 p. 53
Beber 🍷 p. 54
Comprar 🛍 p. 55

Chicago-LaSalle St Station (Metra)

W Harrison St

6

Harrison

57

72

44 46 47

0   400 m

A   B   C   D

Riverwalk **1**

E **2**

F Chicago Architecture Center
First Lady River Cruise

G E Wacker Dr

Rio Chicago

H

E Wacker Dr

60 🏛

70 🛍

Chicago Architecture Center
McCormick Bridgehouse &
Chicago River Museum

Urban
Kayaks **4**

1

Carbide
& Carbon
Building

19

62

E Lake St

55 🏛

14 Lion
Theatre

InstaGreeter

21 American
Writers Museum

Chicago-Millennium
Station (Metra)

Lake Shore
East Park

☕ **68** 🏛 **23**

22

69

🏛 **M** E Washington
St

30 Washington/
Wabash

Museum of
Illusions

50 ⚔ ⚔ **45**

53 **59**

40

Chicago
Cultural Center

Harris Theater for
Music & Dance

Wrigley
Square

Boeing
Gallery
North

Pritzker Pavilion

25 Chicago Blues Festival

Cloud
Gate

Great
Lawn

BP Bridge

Maggie Daley
Park

Pista de
patinaje
McCormick
Tribune

Millennium
Hall

🎵 Millennium Park

Boeing Gallery
South

Lurie
Garden

E Randolph St

2

41

🏛 Crown
Fountain

Nichols
Bridgeway

🅿 Parking de
Millennium Park

E Monroe St

3

E Monroe St

🍺

56

Adams/
Wabash

M E Adams St

49

⚔

Art Institute
of Chicago

Butler
Field

Petrillo
Music Shell

4

E Jackson Blvd

Van Buren St
(Metra)

E Van Buren St

73

Auditorium
Theatre

35 Fine Arts Building

36 Studebaker
Theater

⚔ **48** 🏛 **8**

E Congress Pkwy

Grant Park

32

24 Desfile del Día
de San Patricio

26

Lollapalooza

Buckingham
Fountain

33

Lago
Michigan

5

E Harrison St

37 Museum of Contemporary
Photography

39

🎵 Buddy Guy's Legends

20 🎵

E **38** ⚔

F

G

41

H

6

⭐ **IMPRESCINDIBLE**

Millennium Park

La joya de Chicago luce caprichosas muestras de arte público. Entre los diseños modernistas de **Millennium Park,** no se sabrá si ver primero el Pritzker Pavilion, plateada concha acústica de Frank Gehry; *Cloud Gate* ("The Bean"), reluciente escultura de Anish Kapoor; o el Lurie Garden, apartado jardín donde crecen flores de las praderas.

PLANO: P. 36 **F3**

CONSEJO
El parque tiene varias entradas, pero, cuando hay conciertos en el Pritzker Pavilion, es obligatorio acceder por Randolph St o Monroe St para pasar el control de seguridad.

Escanea este código QR para consultar horarios y más información.

"The Bean"

El gran atractivo del parque es **'Cloud Gate',** una escultura con forma de judía (de ahí su apodo, "The Bean") y 100 toneladas de peso obra de Anish Kapoor. Incontables curiosos se acercan a ella para comprobar su suavidad al tacto y sacarse fotos con el reflejo del cielo y del perfil urbano (los mejores puntos son los extremos norte y sur). Para observar a la gente, se aconseja subir las escaleras de Washington St y sentarse en un banco a la sombra.

Para mantener la escultura bruñida, el personal del parque la frota con agua a diario y la limpia a fondo con 150 l de detergente líquido dos veces al año.

Crown Fountain

La **Crown Fountain,** de Jaume Plensa, es igual de popular. En las pantallas de sus dos torres de ladrillos de vidrio de 15 m de altura se van proyectando mil rostros diferentes; los protagonistas son vecinos de Chicago que aceptaron permanecer con la cabeza inmovilizada en una silla de dentista durante la grabación. Cada uno de ellos frunce los labios, simulando escupir agua, excepto en invierno, cuando se cierran los chorros y las caras quedan inexpresivas.

En días calurosos, la gente chapotea en la fuente para refrescarse; a los niños les encanta.

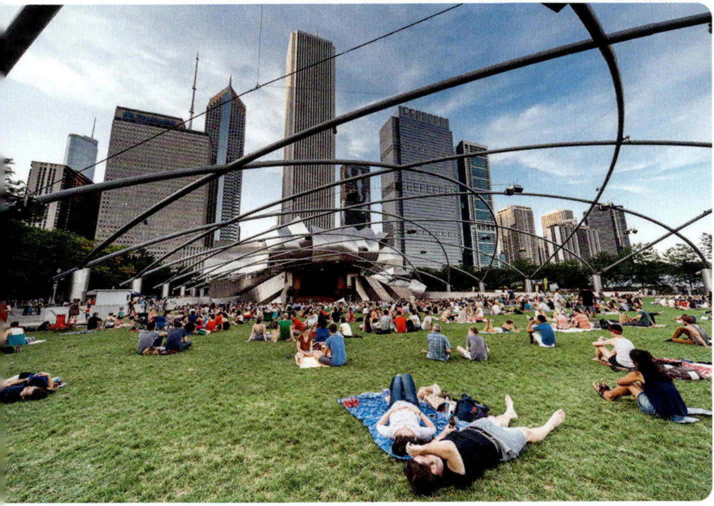

AMADEUSTX/SHUTTERSTOCK ©

Pritzker Pavilion

El arquitecto Frank Gehry diseñó el **Pritzker Pavilion,** el auditorio de impresionante acústica en Millenium Park, con un exterior argentado. Supuestamente se inspiró en el *gefilte fish,* típico plato judío que de niño veía preparar a su abuela. Las tuberías que se entrecruzan sobre el césped incorporan los altavoces de donde proviene el sonido.

El pabellón acoge conciertos gratuitos a las 18.30 varios días por semana (19.30 los sábados) de mediados de junio a finales de agosto. Suelen ser de R&B, *jazz* o músicas del mundo los lunes y jueves; de música clásica los miércoles, viernes y sábados. Los martes se proyectan películas en la gran pantalla del escenario. Es posible tomar asiento en el mismo pabellón (si se llega pronto) o tumbarse en el **Great Lawn,** el césped que se extiende alrededor.

UNA PAUSA

Ante "The Bean", la zona de restauración **Millennium Hall** sirve *pizza* napolitana, tacos, margaritas y cerveza. En el edificio hay baños públicos.

UN PÍCNIC
Se permite
llevar comida,
cerveza y vino
a la mayoría de
los eventos en
bolsas pequeñas
o neveras
portátiles.
La tienda de
alimentos más
cercana es
Mariano's (333 E
Benton Pl).

Para todas las actuaciones, sobre todo las de la excelente Orquesta Sinfónica de Grant Park, la gente lleva mantas, comida, vino y cerveza. No hay nada como acomodarse en el césped y escuchar el *crescendo* musical bajo la estructura reticular de Gehry con los rascacielos de fondo.

Lurie Garden

Si hay demasiada gente en "The Bean", la Crown Fountain y el Pritzker Pavilion, se puede ir al apacible **Lurie Garden** (foto), homenaje botánico con plantas nativas a las características praderas de Illinois. El jardín a menudo pasa desapercibido porque se oculta tras un seto de 4,5 m, pero en sus 2 Ha se cultivan, de forma sostenible y sin productos químicos, equináceas amarillas, narcisos de los poetas, jacintos de los bosques y otras preciosas especies. Los visitantes suelen descalzarse y meter los pies en el riachuelo que atraviesa este oasis.

THOMAS BARRAT/SHUTTERSTOCK ©

Puente BP y Nichols Bridgeway

Aparte del Pritzker Pavilion, Gehry diseñó el serpenteante **puente BP** que cruza Columbus Dr. Esta luminosa pasarela de metal laminado regala vistas fantásticas del perfil urbano y conecta Millennium Park (desde la parte trasera del Great Lawn) con **Maggie Daley Park,** cuya oferta de actividades incluye patinaje sobre hielo y escalada en roca.

El **Nichols Bridgeway** es otro puente peatonal. Diseñado por Renzo Piano con un bello aspecto plateado, pasa por encima de Monroe St enlazando el parque con la terraza de esculturas contemporáneas (gratis) de la 3ª planta del Art Institute.

Pista de patinaje sobre hielo

Entre "The Bean" y las titilantes luces de Michigan Ave, la **pista de patinaje sobre hielo McCormick Tribune** está a rebosar en invierno. Abierta de finales de noviembre a principios de marzo, es sin duda la mejor de la ciudad. No se cobra entrada, pero alquilar los patines cuesta 20 US$. En verano, la pista se transforma en una zona con asientos al aire libre para degustar *pizza,* cerveza y tacos de Millennium Hall.

Wrigley Square y Boeing Galleries

La gran plaza junto a Michigan Ave y Randolph St se llama **Wrigley Square.** La estructura de estilo griego que la preside es el Millennium Monument, réplica del peristilo original que se irguió aquí de 1917 a 1953. Esta doble hilera semicircular de columnas dóricas se eleva 12 m y crea una curiosa yuxtaposición con el arte moderno del resto del parque, concebida para expresar así el nexo entre pasado y presente. El césped de enfrente es ideal para holgazanear.

Las dos **Boeing Galleries** al norte y sur del parque, albergan exposiciones temporales de escultura contemporánea y fotografía al aire libre.

HARRIS THEATER El **Harris Theater for Music and Dance** se asoma a Randolph St, en la parte norte del parque; se trata del principal teatro de tamaño medio de Chicago, sede de más de 30 compañías de artes escénicas de vanguardia.

Art Institute of Chicago

El **Art Institute of Chicago,** segundo mayor museo de arte del país, alberga tesoros de todo el planeta, incluida la mejor colección de cuadros impresionistas y posimpresionistas fuera de Francia, un ingente número de obras surrealistas y deslumbrantes pinturas de Picasso y Miró en el ala moderna.

PLANO: P. 36 **E4**

CONSEJO

Harán falta al menos 2 h para ver lo más destacado del museo. A menos que haya una exposición muy popular, no es necesario comprar las entradas en línea con antelación, pues la cola avanza rápido.

Escanea este código QR para consultar precios y horarios.

Obras imprescindibles, 2ª planta

La mayoría de los cuadros más conocidos está en los salones de mármol de este piso. Si el visitante se acerca lo suficiente a *Tarde de domingo en la isla de la Grande Jatte* (galería 240), de Georges Seurat, apreciará los puntitos que componen esta obra maestra del puntillismo, y comprenderá por qué el artista tardó dos largos años en completarla.

El dormitorio en Arlés (galería 241), de Vincent van Gogh, representa el cuarto del pintor en su casa de dicha localidad. *Almiares* (galería 243), de Claude Monet, pintura que refleja los pajares de 4,5 m que había junto a la finca del artista en Giverny, forma parte de una serie que consolidó su carrera.

Noctámbulos (galería 262), de Edward Hopper, melancólica y conmovedora imagen de cuatro figuras solitarias en una cafetería iluminada con neones, se inspiró en un local de Greenwich Ave (Manhattan). En el icónico óleo *Gótico estadounidense* (galería 263), de Grant Wood, los granjeros de expresión severa son el dentista y la hermana del autor.

Obras imprescindibles, 1ª y 3ª planta

Marc Chagall creó los inmensos vitrales azules *America Windows* (galería 144) para conmemorar el bicentenario de EE UU; en la tercera ventana desde la derecha aparece el perfil urbano de Chica-

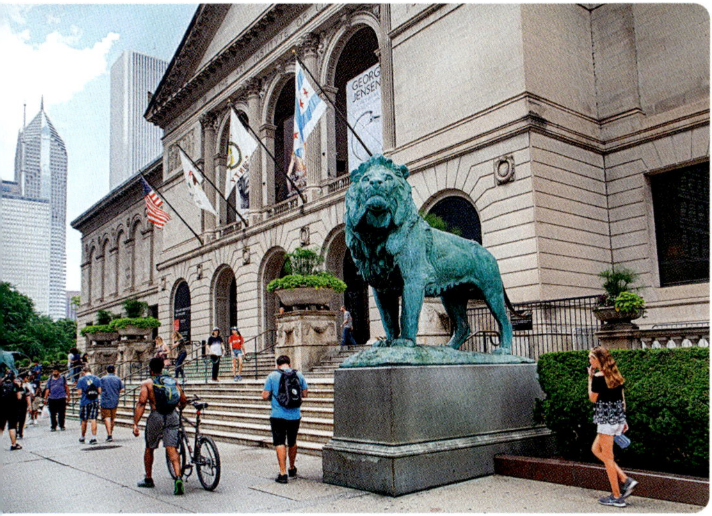

ANJELIKAGR/SHUTTERSTOCK ©

go. La figura alargada de *El viejo guitarrista ciego* (galería 391) de Pablo Picasso, correspondiente al período azul, no solo refleja su paleta de aquella época, sino también sus vivencias como artista pobre durante sus primeros años en París.

Salvador Dalí pintó *Invención de los monstruos* (galería 396) en Austria justo antes de su anexión por parte de la Alemania nazi. El título alude a una profecía de Nostradamus según la cual la aparición de monstruos presagia el estallido de la guerra.

Espacios gratuitos al aire libre

El jardín norte acoge *Flying Dragon* de Alexander Calder y otras esculturas, mientras que el sur presume de la *Fountain of the Great Lakes*, de Lorado Taft. La terraza de escultura contemporánea de la 3ª planta brinda vistas de la ciudad y está conectada a Millennium Park por el puente peatonal Nichols Bridgeway.

UNA PAUSA

The Gage marida ecléctica comida de *gastropub* con *whiskeys* y cervezas.
The Berghoff, histórico restaurante y bar inaugurado en 1898, sirve cerveza excelente.

★ **IMPRESCINDIBLE**

Willis Tower

Si se busca algo superlativo, no hay que perderse la **Torre Willis,** el rascacielos más alto de Chicago (442 m). Erigida en 1973 con el nombre de Sears Tower, esta mole de tubos negros fue el techo del mundo durante casi 25 años. En el Skydeck de la planta 103ª sobresalen unos balcones de vidrio que harán temblar las rodillas.

PLANO: P. 36 **B4**

CONSEJO

Se venden en línea entradas por franjas horarias; no son reembolsables, pero se permite reprogramar la visita gratis si no se llega a tiempo o está nublado.

Escanea este código QR para consultar precios y horarios.

Datos y estadísticas

El arquitecto Fazlur Khan ideó el diseño de nueve tubos agrupados tras observar un paquete de cigarrillos. La Willis Tower cedió la corona de edificio más alto del mundo en 1996 a las Petronas de Kuala Lumpur y la de edificio más alto de EE UU en el 2013 al One World Trade Center de Nueva York.

Plataforma de observación flotante

La Willis Tower acoge entretenidas exposiciones interactivas sobre la historia y cultura de Chicago que incluyen una gigantesca *deep-dish pizza,* un escenario de The Second City y un vagón de metro. Tras curiosear, toca destaponar los oídos en el ascensor que sube al mirador en 70 s.

Desde el **Skydeck,** con la ciudad a los pies, se distingue perfectamente el trazado urbano. En días despejados, se divisan zonas de Indiana, Míchigan y Wisconsin a 65-80 km de distancia.

En el lado oeste de la planta 103ª se encuentran los cinco célebres balcones de vidrio que sobresalen de la fachada del edificio; se puede permanecer en ellos 90 segundos para admirar las vertiginosas vistas y sacar fotos. No hay por qué preocuparse: el suelo acristalado, aunque de apenas 4 cm de grosor, soporta 4500 kg.

⭐ **IMPRESCINDIBLE**

Chicago Architecture Center

El **Chicago Architecture Center** (CAC) vela por el patrimonio arquitectónico de la ciudad. No está de más visitar su espacio expositivo, pero lo más interesante es participar en el crucero por el río Chicago o en alguno de sus excelentes circuitos guiados.

¡Todos a bordo!

Muchas compañías proponen cruceros por el río Chicago centrados en la arquitectura, pero el del CAC es un referente; se trata de una experiencia turística, pero es maravillosa.

Hay que seguir a la multitud hasta el muelle de Michigan Ave y embarcarse en el **'First Lady'** para sentarse en cubierta y ver pasar los impresionantes rascacielos. Los guías enseñan a diferenciar entre estilo *beaux arts* e internacional en un santiamén.

De aquí para allá

El CAC también ofrece más de 85 circuitos estupendos que abordan la arquitectura de forma monográfica, como el *art déco* o los primeros rascacielos, o un edificio específico. Los recorridos se extienden mucho más allá del Loop y abarcan estructuras en toda la urbe; muchos son a pie, pero también los hay en autobús e incluso en metro (L).

Galerías propias

El primer edificio digno de visita es la sede del CAC, en las plantas inferiores de una llamativa torre proyectada por Ludwig Mies van der Rohe en la década de 1960. Sus galerías presentan una maqueta interactiva en 3D de Chicago, así como exposiciones sobre la historia arquitectónica de la ciudad y rascacielos de todo el mundo.

PLANO: P. 36 **E1**

CONSEJO

Un fin de semana de mediados de octubre, el Chicago Architecture Center coordina visitas gratuitas a más de 200 joyas arquitectónicas (muchas cerradas al público normalmente) en el marco del Open House Chicago (openhouse chicago.org).

Escanea este código QR para consultar los circuitos sobre arquitectura del CAC.

El Loop

EXPLORA

EL LOOP

En lugar de comprar postales de Chicago, se pueden sacar instantáneas preciosas por el Loop. Bastan una cámara, calzado cómodo y un día libre para inmortalizar los puntos de interés de la zona y llevarse un recuerdo personal de esta encantadora y fotogénica ciudad.

INICIO	FINAL	DURACIÓN
Daley Plaza	Cartel de la Route 66	1,6 km; 1 h

❶ El arte de la abstracción

La ruta empieza en **Daley Plaza,** donde destaca una enigmática escultura abstracta de Pablo Picasso. ¿Es un babuino, un perro o una mujer? Como el artista malagueño nunca lo aclaró, la obra no tiene título oficial, así que es conocida simplemente como "el Picasso", y se ha convertido en un símbolo de la ciudad desde su inauguración en 1967.

❷ Empieza el espectáculo

Si se necesita una prueba irrefutable de que se está en Chicago, se puede ir al norte por Dearborn St y girar a la derecha por Randolph St y a la izquierda por State St hasta llegar al **Chicago Theatre,** en cuya marquesina de la década de 1920 se puede leer el nombre de la ciudad. El gran cartel luce mucho mejor de noche, con su brillante iluminación.

❸ Cita en Marshall Field's

Toca volver al sur por State St y hacer un alto en la intersección con Washington St: es tradición quedar aquí desde 1897, cuando se instaló el **reloj de Marshall Field** por voluntad del empresario a las puertas de sus grandes almacenes (pertenecientes ahora a Macy's). No hay que marcharse sin una foto bajo este elaborado cronómetro de más de 7,5 t.

❹ Ambiente en "The Bean"

Al este, por Washington St, se alcanza Wabash Ave, donde el metro traquetea por una vía elevada; tras hacer una foto, hay que seguir hacia Millenium Park y "The Bean". La resplandeciente escultura, oficialmente titulada **'Cloud Gate',** es lo más fotografiado de Chicago. Se aconseja situarse en el lado oeste de este peculiar espejo y sacarse un selfi con el perfil urbano de fondo.

❺ Labios fruncidos

Al sur por Millennium Park se llega a la **Crown Fountain,** cerca de Michigan Ave y Monroe St. En las pantallas LED de sus dos torres de ladrillos de vidrio de 15 m de altura se muestran imágenes de lugareños que parecen escupir agua cual gárgolas.

❻ Leones guardianes

En dirección sur por Michigan Ave aguarda el **Art Institute of Chicago,** cuya entrada está vigilada desde 1894 por dos leones de bronce que posan para la cámara y se consideran las mascotas de la ciudad.

❼ Genial foto final

Al otro lado de Michigan Ave, en Adams St, el **cartel de la Route 66** marca el comienzo de la legendaria carretera que cruza EE UU (el que está al final de la manzana es una réplica).

EXPERIENCIAS

Caminar junto al agua PASEO FLUVIAL
El **Riverwalk** (PLANO: ❶ P. 36 EI) revela otra cara de Chicago por debajo del nivel de la calle. Las escaleras de los puentes dan acceso a este reino de barcos, bares y espacios para observar el paisanaje que bordea la margen sur del río Chicago durante 2 km.

Justo al oeste del muelle de Michigan Ave se halla el interesante **McCormick Bridgehouse & Chicago River Museum** (PLANO: ❷ P. 36 EI; *bridgehousemuseum.org, adultos/niños 8/6 US$*), donde se ven en acción los enormes engranajes del puente móvil.

Unos 800 m al oeste, el **embarcadero** (PLANO: ❸ P. 36 BI) invita a deambular por sus jardines flotantes; no hay mejor sitio para asistir a Art on the Mart (p. 64), alucinante espectáculo de luces que se proyecta cada noche en un inmenso edificio al otro lado del río.

Al este del muelle de Michigan Ave, **Urban Kayaks** (PLANO: ❹ P. 36 HI; *urbankayaks.com*) ofrece estupendos circuitos guiados para remar ante los rascacielos y lugares históricos del centro. Si se sigue andando hacia el este, se pasará bajo un túnel y se alcanzará el lago Míchigan, vasta extensión de agua azul verdosa que recuerda el mar.

Ver una obra en el Theater District TEATRO
En el Theater District de Chicago, varios teatros centenarios con luces de neón en torno a State St y Randolph St acogen grandes producciones.

Destaca el opulento **Chicago Theatre** (PLANO: ❺ P. 36 D2; *msg.com/the-chicago-theatre*), considerado un punto de interés oficial gracias a su gigantesca marquesina. También destacan el **Cadillac Palace Theatre** (PLANO: ❻ P. 36 C2), cuyo interior se inspira en el palacio de Versalles; el **Nederlander Theatre** (PLANO: ❼ P. 36 D2), con impresionantes elementos de arquitectura oriental; el **Auditorium Theatre** (PLANO: ❽ P. 36 E5; *auditoriumtheatre.org*), joya de 1889 dotada de una acústica perfecta; y el **CIBC Theatre** (PLANO: ❾ P. 36 D3). Broadway in Chicago (*broadwayinchicago.com*) vende entradas para casi todos ellos.

En el escenario del **Goodman Theatre** (PLANO: ❿ P. 36 D2; *goodmantheatre.org*) se preestrenan obras nuevas o clásicos que, a menudo, acaban en Broadway. Las entradas no vendidas para la función del día se pueden comprar en línea a mitad de precio desde las 10.00.

Hot Tix (PLANO: ⓫ P. 36 D2; *hottix. org*) vende entradas con descuento para teatros en línea y en su mostrador de Block 37 (State St).

Ver actuaciones insólitas ESPECTÁCULOS EN DIRECTO
En el Theater District de Chicago también hay propuestas menos tradicionales. **The Magic Parlour** (PLANO: ⓬ P. 36 D2; *themagicparlour chicago.com*) es un histórico espec-

tácteulo de magia de cerca en una salita del restaurante Petterino's (contiguo al Goodman Theatre). El **Teatro ZinZanni** (PLANO: **13** P. 36 **E2**; *zinzanni.com/chicago*), en la planta 14ª del Cambria Hotel (contiguo al Nederlander Theatre), aúna vodevil y romanticismo: trapecistas, acróbatas y artistas de cabaré suben al escenario en una especie de carpa de circo mientras se sirve al público una cena de cuatro platos.

En **Drunk Shakespeare** (*drunkshakespeare.com*), un actor bebe cinco chupitos de *whiskey* e interpreta ebrio a Hamlet u otro protagonista shakespeariano mientras otros cuatro actores sobrios intentan mantener la obra en marcha; las obras más disparatadas se representan en el **Lion Theatre** (PLANO: **14** P. 36 **E2**), situado detrás del Chicago Theatre.

Escuchar 'blues' en Buddy Guy's Legends
MÚSICA EN VIVO

PLANO: **20** P. 36 **E6**

Buddy Guy's Legends (*buddyguy. com*) acoge lo mejor del *blues* local y nacional; quizá se vea incluso al legendario Buddy Guy, pues suele pasar el rato en su bar cuando visita la ciudad. A la hora de cenar hay espectáculos acústicos gratuitos para todos los públicos. Para ir a los conciertos después de las 20.00 hay que pagar 15-25 US$ de entrada, pero merece la pena.

El espacio, relativamente pequeño, permite observar de cerca a los intérpretes.

EDIFICIOS EMBLEMÁTICOS

Rookery
PLANO: **15** P. 36 **C4**

Pese a parecer una fortaleza por fuera, presenta un interior diáfano gracias al vestíbulo remodelado por Frank Lloyd Wright.

Chicago Federal Center
PLANO: **16** P. 36 **D4**

El famoso arquitecto Ludwig Mies van der Rohe proyectó estos dos edificios de Dearborn St con un diseño reticular de vidrio y acero.

Marquette Building
PLANO: **17** P. 36 **D4**

El vestíbulo está adornado con mosaicos de vidrio Tiffany y relieves de bronce de jefes indios americanos y exploradores europeos.

Sullivan Center
PLANO: **18** P. 36 **D3**

La entrada principal luce un sublime trabajo en metal de fluidas formas botánicas y geométricas.

Carbide & Carbon Building
PLANO: **19** P. 36 **E1**

El edificio recuerda una botella de champán envuelta en papel de aluminio por su pulido exterior de granito negro y terracota verde con pan de oro en la parte superior.

Practicar la escritura
MUSEO

PLANO: **21** P. 36 **E2**

Los bibliófilos disfrutarán de lo lindo en el pequeño **American**

Writers Museum (*american writersmuseum.org, adultos/ niños 16 US$/gratis*), donde se rinde homenaje a escritores de distintas épocas, desde Edgar Allan Poe y Edith Wharton hasta Elie Wiesel y James Baldwin, con exposiciones interactivas que ilustran la evolución de las letras estadounidenses.

Las muestras temporales se centran en autores individuales o en colectivos, como mujeres, refugiados o inmigrantes. El visitante puede meditar ante una "cascada de palabras" aprender ejercicios y trucos para redactar mejor (y aplicarlos en una mesa con antiguas máquinas de escribir) o ir al salón, tomar un libro de la estantería, y ojearlo en un cómodo sillón.

Admirar arte gratis en el Chicago Cultural Center   GALERÍA

El exquisito y gratuito **Chicago Cultural Center** (PLANO: **22** P. 36 **E2**; *chicagoculturalcenter.org*), eclipsado a veces por atractivos cercanos como el Millennium Park y el Art Institute, acoge fantásticas exposiciones de arte a lo largo de una manzana, sobre todo en las galerías de las plantas 2ª y 4ª. En la 3ª planta, el visitante quedará deslumbrado por la cúpula de vidrio Tiffany más grande del mundo, compuesta por 30 000 piezas de joyería. Los circuitos **InstaGreeter** (PLANO: **23** P. 36 **E2**; *chicagogreeter.com*) por el Loop parten del vestíbulo de Randolph St todo el año de viernes a domingo (11.30 y 13.30), mientras que los miércoles de verano (18.30) se proyectan películas extranjeras en el teatro. ¡Y todo es gratis!

El edificio, de estilo *beaux arts,* se inauguró en 1897 como sede de la Biblioteca Pública de Chicago. Su interior, clásico de la llamada Gilded Age, entre las décadas de 1870 y 1890, mezcla mármol blanco de Carrara y verde de Connemara. Semejante esplendor pretendía reflejar el aumento del nivel de vida, lo que le valió el apodo de Palacio del Pueblo. Se puede explorar por cuenta propia o hacer la visita guiada de 1 h (13.15 ju-vi) que empieza en el vestíbulo de Randolph St.

 FESTIVALES EN EL LOOP

Muchas grandes juergas de Chicago tienen lugar en Grant Park y Millennium Park. El verano es más movido, aunque la fiesta comienza en marzo con el **desfile del Día de San Patricio** (PLANO: **24** P. 36 **F5**), cuando el sindicato de fontaneros local tiñe el río Chicago de verde trébol y gaiteros, bailarines y bandas marchan por Grant Park. El **Chicago Blues Festival** (PLANO: **25** P. 36 **F3**), celebrado a mediados de junio, es el evento gratuito de *blues* más multitudinario del mundo, legado apropiado para la ciudad que electrizó dicho género. A principios de agosto, **Lollapalooza** (PLANO: **26** P. 36 **F5**), uno de los mayores festivales de música a escala global, anima Grant Park con conciertos de 170 bandas en ocho escenarios.

Fomentar la creatividad en el Harold Washington Library Center
BIBLIOTECA

PLANO: **27** P. 36 **D5**

La vasta **biblioteca central de Chicago** (*chipublib.org*) ofrece montones de propuestas gratuitas, incluidas lecturas de autores renombrados e impresionantes representaciones en el auditorio. El **jardín de invierno** de la 9ª planta, donde la luz entra a raudales a través del techo acristalado a 16 m de altura, es ideal para leer, escribir, usar la red wifi o relajarse (aunque los enchufes escasean).

El Harold Washington Library Center también destaca por sus exposiciones. En la 8ª planta hay salas para practicar con el piano; el Maker Lab de la 3ª planta acoge impresoras 3D y fascinantes demostraciones sin cita previa; y en la biblioteca infantil de la 2ª planta montan frecuentes sesiones de cuentos y actividades lúdicas.

Ver dinero en el Money Museum
MUSEO

PLANO: **28** P. 36 **C4**

El pequeño y gratuito **Money Museum** (*chicagofed.org*), en el Banco de la Reserva Federal de Chicago, no está mal para pasar un rato. Cabe mencionar el cubo de vidrio gigante con un millón de billetes de 1 US$ embutidos (pesan más de 900 kg) y la muestra que ayuda a distinguir los falsificados. El visitante descubrirá por qué la suma de 1000 US$ se llama *grand,* entenderá cómo Alexander Hamil-ton creó el sistema financiero de EE UU y se podrá llevar a casa una foto con un maletín que contiene un millón de dólares y una bolsita de billetes triturados.

Vivir una experiencia inmersiva
MUSEOS

Por toda Chicago, incluido el Loop, han aparecido museos inmersivos. Los aficionados a lo macabro querrán visitar el **Medieval Torture Museum** (PLANO: **29** P. 36 **D2**; *medievaltorturemuseum.com, adultos/niños 40 US$/gratis*), donde se exhiben instrumentos de tortura como la flauta de la vergüenza para músicos incompetentes (que les estrujaba los dedos), el violín de la musaraña para mujeres pendencieras (que las encadenaba cara a cara), hierros de marcar y aplastacabezas.

El **Museum of Illusions** (PLANO: **30** P. 36 **E3**; *moichicago.com, adultos/niños 33/25 US$*) las ilusiones incluyen sentarse a la mesa con múltiples clones, ver la propia cabeza en una bandeja, sentirse girar en el túnel del vórtice y andar por las paredes en el cuarto invertido.

En el **Color Factory** (PLANO: **31** P. 36 **B4**; *colorfactory.co, adultos/niños 39/28 US$*), oculto en la Willis Tower, hay que intentar orientarse en un laberinto de espejos, descubrir la sinestesia entre color y sonido mediante cuernos enormes, perderse en un "bosque" de cintas de satén y lanzarse por toboganes a una piscina de bolas.

Explorar los pulmones verdes del Loop

PARQUES

Aunque el Loop es el centro neurálgico de Chicago, la naturaleza se ha hecho un hueco en esta jungla de acero. El colosal Millennium Park (p. 38) no es el único espacio verde de la zona. Al lado se halla Maggie Daley Park (p. 41), idóneo para familias por sus zonas de juego que incluyen un puente de cuerdas para trepar, un "césped ondulado" para rodar cuesta abajo, un bosque encantado para pasear y un gran barco jugar a navegar.

Grant Park (PLANO: ③ P. 36 G5) abarca una amplia extensión de hierba entre los rascacielos y el lago Míchigan. Su principal reclamo es la **Buckingham Fountain** (PLANO: ③ P. 36 G5): inspirada en una del palacio de Versalles, se cuenta entre las mayores del mundo, con 5 700 000 l de agua y un chorro que se eleva 15 plantas. Cada hora de 9.00 a 23.00 (ppios may-med oct) protagoniza un espectáculo gratuito que de noche se acompaña con música y luces multicolores.

Averiguar qué se cuece en Daley Plaza

PLAZA

PLANO: ③ P. 36 C2

Entre semana, vale la pena acercarse a **Daley Plaza** a la hora del almuerzo, sobre todo cuando hace buen tiempo. Nunca se sabe qué se encontrará (espectáculos de danza, bandas de música, festivales étnicos u otras celebraciones); lo único seguro es que será gratis. De mayo a octubre tiene lugar un inmenso **mercado agrícola** los jueves por la mañana, mientras que los viernes de 11.00 a 15.00 se instalan gastronetas. La plaza está presidida por una escultura sin título de Pablo Picasso a la que los vecinos llaman simplemente **"el Picasso"** y a la que los niños suelen trepar.

Muchos fans de los Blues Brothers la consideran un lugar icónico por la escena de *Granujas a todo ritmo* en que el dúo se estrella su coche contra los ventanales del Daley Center.

Conocer el lado artístico del South Loop

ZONA

El South Loop (zona que se extiende al sur de Van Buren St) desprende gran energía creativa, lo cual no es de extrañar con tantos estudiantes de arte del Columbia College y la School of the Art Institute.

El **Fine Arts Building** (PLANO: ③ P. 36 E5; *fineartsbuilding.com*) ha sido refugio de artistas durante más de un siglo. La 1ª planta alberga el histórico **Studebaker Theater** (PLANO: ③ P. 36 E5), destinado antaño al vodevil y ahora a producciones como el concurso sobre noticias *Wait Wait... Don't Tell Me!* de la NPR.

A una manzana aguarda el pequeño **Museum of Contemporary Photography** (PLANO: ③ P. 36 E6; *mocp.org, gratis*), cuya colección permanente, expuesta de forma rotativa, incluye fotos de Robert Capa, Henri Cartier-Bresson, Harry Callahan, Sally Mann, Ai Weiwei y otros 1500 maestros de la fotografía.

Lo mejor para...

 $** Económico **$$** Medio **$$$ Alto

Localizaciones en el plano de la **p. 36**

EXPLORA

EL LOOP

Comer

Desayuno y 'brunch'

Yolk $$

38 E6

Alegre cadena local que triunfa con abundantes desayunos a base de tortillas, torrijas de rollos de canela y creps de Nutella. *7.00-14.30*

Eleven City Diner $$

39 E6

Enormes tortillas, torrijas de *jalá,* sándwiches Reuben y otras delicias judías. *8.00-15.00 lu-vi, 8.30-16.00 sa-do*

Cena antes del teatro

The Gage $$$

40 E3

Animado *gastropub* con propuestas como hamburguesas de venado con *gouda* o langosta frita cual pollo. *11.00-23.00 lu-ju, hasta 24.00 vi, 10.00-24.00 sa, hasta 23.00 do*

The Dearborn $$$

41 D2

Elegante taberna que sirve hamburguesas, *pizzas, fish and chips,* bistecs y vino. *11.00-22.00 lu-vi, desde 10.00 sa-do*

Bar Mar $$$

42 A2

Diáfano restaurante acristalado del chef José Andrés donde degustar ostras, sándwiches, vino y tentempiés de langosta. *11.00-23.00 lu-vi, desde 15.00 sa, 11.00-20.00 do*

Petterino's $$

43 D2

Comida italiana en el corazón del Theater District desde hace más de 20 años. *11.00-20.00 do-lu, hasta 21.00 ma-ju, hasta 23.00 vi-sa*

'Deep-dish pizza' y perritos calientes al estilo de Chicago

Lou Malnati's $$

44 D6

Establecimiento de la cadena de *deep-dish pizza* conocida por sus cortezas con mantequilla o salchicha sin gluten. *11.00-23.00 do-ju, hasta 24.00 vi-sa*

Pizano's $$

45 E3

Excelentes *pizzas* de corteza fina y gruesa servidas en un entorno acogedor. *11.00-22.00*

Art of Pizza $

46 D6

Baratos triángulos de *deep-dish pizza* en el South Loop. *11.00-23.00 do-ju, hasta 24.00 vi-sa*

Devil Dawgs $

47 D6

Perritos calientes al estilo de Chicago en el South Loop. *11.00-22.00 do-ju, hasta 24.00 vi-sa*

Comida internacional

Cafecito $

48 E5

Modesta cafetería contigua al HI Chicago Hostel con estupendos sándwiches cubanos de cerdo y café fuerte. *8.00-20.00 lu-vi, 10.00-18.00 sa-do*

BienMeSabe Arepa Bar $

49 E4

Sencillo local venezolano con arepas rellenas de cerdo asado, tofu, plátano dulce y mucho más. *11.00-19.00 lu-vi, desde 10.30 sa*

Hanabusa Cafe $$

50 E3

Tortitas suflés, boles de *ramen* y té al estilo japonés que merecen la espera tras pedir en el mostrador. *11.00-18.30 lu-vi, desde 10.00 sa-do*

Bocados rápidos

Native Foods $

51 C4

Acogedor restaurante *fast casual* de comida vegana como hamburguesas, tacos, "pollo" y albóndigas. *10.30-20.00 lu-sa, 11.00-19.00 do*

Revival Food Hall $

52 C4

Montones de restaurantes locales de moda junto a un bar y una tiendecita de libros y discos. *8.00-20.00 lu-vi*

Goddess & the Baker $

53 E3

Cafetería con servicio de barra que ofrece sándwiches, huevos, boles de *açaí, muffins* y pasteles. *7.00-16.00 lu-vi, desde 8.00 sa, 8.00-15.00 do*

Washington Hall $

54 D3

Zona de restauración con un gran bar y una docena de puestos que preparan desde curris indios hasta tacos y dónuts. *7.00-17.00 lu y sa, hasta 19.00 ma-vi*

Beber

Bares abiertos de madrugada

Elephant & Castle

55 E2

Pub de estilo británico con una ubicación estratégica en el Theater District que sirve pintas, *fish and chips* y *shepherd's pie*. *7.00-2.00*

Miller's Pub

56 E4

Histórico local con mobiliario de madera oscura, vidrio polícromo, y nostálgicas fotos deportivas, una sorprendente selección de cervezas y suculenta carne. *11.00-2.00*

Kasey's Tavern

57 D6

Estudiantes de arte, vecinos de la zona y fans del deporte toman asiento ante la larga barra de madera de este agradable *pub* del South Loop. *11.00-2.00 do-vi, hasta 3.00 sa*

Brando's Speakeasy

58 D5

Bar de karaoke con una clientela joven pese a su nombre que evoca tiempos pasados. *17.00-2.00 do-vi, hasta 3.00 sa*

Bares de azotea

Cindy's

59 E3

Mejor azotea de la ciudad por la fabulosa perspectiva de Millennium Park y el lago Míchigan desde la planta 13ª del hotel Chicago Athletic Association. *11.00-23.00 lu-ju, hasta 24.00 vi, 10.00-24.00 sa, hasta 23.00 do*

LH Rooftop

60 E1

Bar de moda en la planta 22ª del hotel London-House (en un hermoso edificio *beaux arts* de 1923) que regala vistas espectaculares del lago y los rascacielos. *11.00-24.00*

Raised

61 D1

Terraza en la 3ª planta del hotel Renaissance que se asoma al río Chicago, las torres del complejo Marina City, el Wrigley Building y otros atractivos. *16.00-24.00 lu-ju, desde 14.00 vi-sa*

Cerise

62 E1

Lounge bar en la planta 26ª del hotel Virgin que permite tomar algo en medio de los rascacielos. *16.00-24.00 lu-mi, hasta 1.00 ju, 15.00-2.00 vi-sa, hasta 22.00 do*

Bares con historia

Monk's Pub

 63 B2

Vasta selección de cervezas internacionales (¡casi 200!) servidas con cacahuetes gratis entre barriles viejos, grifos de época e imitaciones de libros antiguos. *10.00-23.00 lu-vi, 11.00-17.00 sa*

Milk Room

véase **59** E3

Antiguo bar clandestino con ocho asientos que ahora sirve *whiskey* legalmente en el hotel Chicago Athletic Association (imprescindible reservar). *17.00-23.00 mi-sa, hasta 21.00 do*

The Berghoff

 64 D4

Bar-restaurante de 1898 que obtuvo la primera licencia para servir licores tras la Ley Seca (la enseñan si se pida verla). *11.30-20.00 lu-sa*

Ceres Cafe

 65 C5

Local en el edificio *art déco* de la Chicago Board of Trade conocido por sus bebidas fuertes y su ambiente oscuro donde frecuentado por inversores de la Bolsa. *7.00-20.00 lu-vi*

Bares en la zona de Riverwalk

Chicago Brewhouse

 66 D1

Idóneo para catar un montón de cervezas locales en una terraza al aire libre junto al agua. *11.00-23.00 may-oct*

Good Funk

 67 A2

Acogedora enoteca con vistas al río Chicago. Sirven copas de tintos y blancos de pequeños productores de todo el mundo. *16.00-23.00 do-lu, hasta 24.00 ma-sa*

Cafeterías

Intelligentsia

 68 E2

Moderna cafetería industrial junto al Millennium Park perteneciente a una cadena local que tuesta sus granos y prepara un café fuerte. *7.00-19.00*

Comprar

Negocios locales

Buddy

 69 E2

Atractiva *boutique* en el Chicago Cultural Center que hace las veces de escaparate para artistas y pequeñas empresas locales. *11.00-17.00*

Tienda del Chicago Architecture Center

70 F1

Paraíso para amantes de la arquitectura que vende miniaturas de la Willis Tower, pósteres del perfil urbano de Chicago y tarjetas con diseños de Frank Lloyd Wright. *10.00-17.00*

Optimo Hats

71 D5

Institución local como último fabricante de sombreros a medida para hombre con muchos clientes famosos. *11.00-17.00 lu-sa*

Librerías

Sandmeyer's Bookstore

72 D6

Clásica librería en Printer's Row cuyo suelo de madera cruje mientras los curiosos hojean libros de todo tipo. *11.00-18.30 lu-mi y vi, hasta 20.00 ju, 10.00-15.00 sa, 11.00-16.00 do*

Exile in Bookville

73 E5

Amplia y fantástica selección de libros en el Fine Arts Building; mientras uno lee las recomendaciones escritas a mano en las estanterías, suena *blues* de fondo. *10.00-19.00 lu-sa, 11.00-16.00 do*

Sugerencias
de lugares para
comer, beber
y comprar en
p. 66

Explora
Near North y Navy Pier

La zona de Near North acoge tal cantidad de pizzerías, bistrós, galerías de arte y *boutiques* de lujo que su arteria principal –Michigan Ave– ha sido bautizada como la "Milla Magnífica". Al este destaca Navy Pier, muelle de 800 m de largo con embarcaciones turísticas, atracciones de feria y una llamativa noria gigante. Gracias a la abundancia de tiendas, restaurantes y propuestas de ocio, esta parte de la ciudad es increíblemente animada; se recomienda en particular a las familias, pues hay un museo infantil y un parque de atracciones en Navy Pier, montones de pizzerías y museos interactivos que gustarán a niños y adultos.

Cómo desplazarse

 **Metro (L)**
Las estaciones de Grand y Chicago (línea roja) dan acceso a la zona.

 **Trolebús**
Un trolebús gratuito enlaza la estación de metro (L) de Grand con Navy Pier (fin may-ppios sep).

 **Autobús**
Las líneas nº 29, 65, 66 y 124 van a Navy Pier, y más de una docena recorren la Milla Magnífica (N Michigan Ave).

 Bicicleta
El barrio está salpicado de estaciones del sistema de bicicletas compartidas Divvy; se puede pedalear hasta Navy Pier, pero no por el muelle en sí.

Milla Magnífica (p. 63).
AEVANSTOCK/SHUTTERSTOCK ©

★
LO MEJOR

ENTRETENIMIENTO
Navy Pier (p. 60)

COMPRAS
Milla Magnífica (p. 63)

ARQUITECTURA
Driehaus Museum (p. 64)

ICONO TELEVISIVO
Billy Goat Tavern (p. 67)

FOTO DE RECUERDO
Museum of Ice Cream (p. 65)

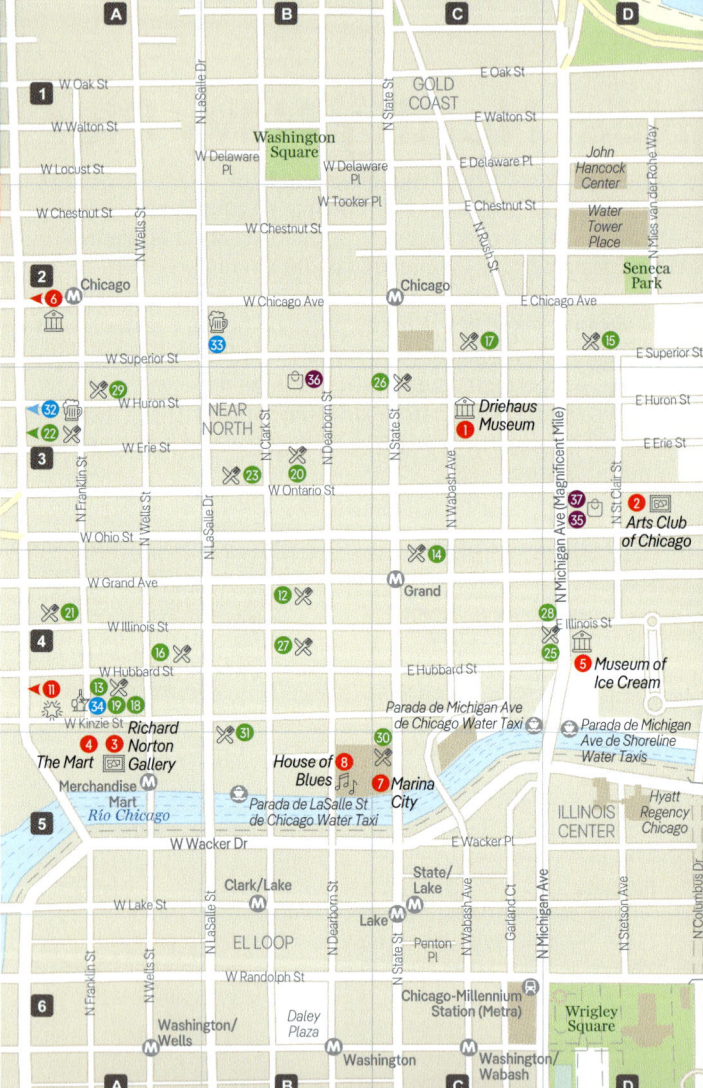

1

W Oak St

W Walton St

W Locust St

W Chestnut St

GOLD COAST

E Oak St

E Walton St

E Delaware Pl

John Hancock Center

Water Tower Place

Seneca Park

Washington Square

W Delaware Pl

W Tooker Pl

W Chestnut St

E Chestnut St

2

6

Chicago

W Chicago Ave

Chicago

E Chicago Ave

33

W Superior St

E Superior St

29

36

26

Driehaus Museum

NEAR NORTH

W Huron St

E Huron St

32

22

W Erie St

E Erie St

3

23

20

W Ontario St

37

2

35

Arts Club of Chicago

W Ohio St

W Grand Ave

14

Grand

28

21

12

4

W Illinois St

16

27

E Illinois St

25

Museum of Ice Cream

W Hubbard St

E Hubbard St

11

13

34

19

18

31

30

Parada de Michigan Ave de Chicago Water Taxi

Parada de Michigan Ave de Shoreline Water Taxis

4

3

Richard Norton Gallery

House of Blues

8

7

Marina City

The Mart

Merchandise Mart

5

Parada de LaSalle St de Chicago Water Taxi

Río Chicago

W Wacker Dr

E Wacker Pl

ILLINOIS CENTER

Hyatt Regency Chicago

W Lake St

Clark/Lake

Lake

State/Lake

6

EL LOOP

W Randolph St

Washington/Wells

Daley Plaza

Chicago-Millennium Station (Metra)

Washington

Washington/Wabash

Wrigley Square

E

F

G

H

N 0 ————————— 400 m

1

Más información

Imprescindible ⭐ p. 60
Experiencias 🌸 p. 64
Comer ✕ p. 66
Beber 🅟 p. 67
Comprar 🛍 p. 67

2

Lago Michigan

E Pearson St
Lake Shore Park

Campus de la Northwestern University Chicago

N DuSable Lake Shore Dr

Lakefront Trail

N Lake Shore Dr

STREETERVILLE

E Ontario St

24 ✕

E Ohio St

41

E Grand Ave

N McClurg Ct

E Illinois St

N New St

N McClurg Ct

E North Water St

Playa de Ohio Street
9

Olive Park

Planta depuradora

3

Navy Pier

Polk Bros Park ●

Chicago Children's Museum

Parada de Shoreline Water Taxis a la Willis Tower

Tiovivo

Parada de Shoreline Water Taxis al Shedd Aquarium

Centennial Wheel

10 ☆ *Seadog Speedboats*

Chicago Shakespeare Theater

● *Windy*

4

Río Chicago

E Wacker Dr

N DuSable Lake Shore Dr

Lake Shore East Park

Harbor Dr

Lakefront Trail

5

Lago Michigan

E Randolph St

Maggie Daley Park

Grant Park

41

6

E

F

G

H

⭐ **IMPRESCINDIBLE**

Navy Pier

El centenario **Navy Pier** es un elemento característico de la ribera del lago Míchigan en Chicago. El muelle, que se adentra 1 km en el agua, descansa sobre 20 000 troncos. Actualmente, es un lugar destinado al ocio familiar con una icónica noria y otras atracciones de feria, un museo infantil y restaurantes.

PLANO: P. 58 **G4**

CONSEJO
Entre el Día de los Caídos (fin may) y el Día del Trabajo (ppios sep), una multitud se amontona en el muelle para asistir a deslumbrantes espectáculos pirotécnicos cada miércoles (21.00) y sábado (22.00).

Escanea este código QR para consultar la programación diaria en Navy Pier.

Centennial Wheel y otras atracciones

No hay que marcharse de Navy Pier sin subir a la **Centennial Wheel,** colosal noria de 60 m que regala vistas espléndidas. Los niños adoran el **tiovivo,** cuyos caballos suben y bajan al son de música de órgano. También hay un enorme columpio giratorio.

Para entretener más a los peques se aconseja visitar el **Chicago Children's Museum** junto al acceso principal del muelle. En él podrán experimentar el estilo de vida circense; trepar 11 m por una estructura de acero, madera, alambre y cuerda; crear arte; jugar con agua y desenterrar huesos de dinosaurio. El muelle también es la sede del **Chicago Shakespeare Theater;** el recinto The Yard, bajo una "carpa" blanca, es uno de los tres espacios en que esta compañía teatral representa obras del Bardo.

Polk Bros Park, frente a la entrada del muelle, alberga una fuente danzante que entretiene con juegos de agua y luz; quien lo desee puede unirse a los niños que chapotean en ella. También hay un césped para conciertos y proyecciones gratis.

Turismo desde el agua

De Navy Pier parten cruceros turísticos por el lago Míchigan. Los barcos de las diversas compañías zarpan del lado sur del muelle; p. ej., se puede navegar en la goleta de altos mástiles **'Windy'** u optar por un trayecto a bordo de las **lanchas motoras**

EVGENIA PARAJANIAN/SHUTTERSTOCK ©

Seadog de City Experiences (p. 65). **Shoreline Sightseeing** (*shorelinesightseeing.com*) organiza cruceros para admirar rascacielos y fuegos artificiales; la agencia también opera un servicio de taxis acuáticos que lleva al Museum Campus (p. 127) por el lago y a otros puntos de interés por el río.

Historia del muelle

Navy Pier se inauguró en 1916. Durante un siglo, ha hecho las veces de puerto interior, centro de formación de la Armada, campus universitario, espacio de convenciones y complejo de ocio, su función actual.

En el extremo este, un ancla de 8 toneladas se sostiene sobre una losa de hormigón; procedente del buque de guerra USS *Chicago,* se convirtió en monumento cuando el navío dejó de prestar servicio. Durante la II Guerra Mundial, la Armada de EE UU usó el muelle como centro de formación.

UNA PAUSA
Se puede pedir un contundente trozo de *pizza* rellena en la filial de **Giordano's,** así como comprar cerveza y otras bebidas en puestos del muelle.

CIRCUITO A PIE

Near North

Navy Pier acapara gran parte de la atención, pero hay mucho más que hacer en la zona, desde ir de compras por la Magnificent Mile (Milla Magnífica, N Michigan Ave) hasta visitar lugares de fama televisiva; otro aliciente es la arquitectura, pues aquí se alzan edificios emblemáticos e históricos como la Tribune Tower.

INICIO	FINAL	DURACIÓN
Estación de metro (L) Chicago	Three Dots and a Dash	2,5 km; 3 h

1 Calle comercial

Caminando al este desde la estación de metro (L) de Chicago por Chicago Ave se alcanzará el cruce con Michigan Ave y la **Milla Magnífica,** uno de los mejores destinos de compras de EE UU. Aquí se podrá curiosear y comprar cuanto se desee en numerosas tiendas, incluidas la mayor del mundo de Ralph Lauren y *boutiques* de lujo como Burberry y Ferragamo.

2 Extribuna del 'Chicago Tribune'

Hacia el sur, hay que hacer un alto ante la imponente **Tribune Tower.** Esta joya neogótica ya no es sede del *Chicago Tribune,* pero sus paredes aún hablan: el excéntrico dueño del periódico a comienzos del s. XX pidió a sus corresponsales que llevaran rocas de lugares famosos de todo el mundo para incrustarlas en la base del edificio.

3 Puente al pasado

Michigan Ave cruza el río Chicago a través del histórico **puente DuSable,** diseñado en estilo *beaux arts* a imagen y semejanza del emblemático puente Alejandro III de París. Aparte de la elegancia francesa, destacan los relieves artísticos sobre la historia de Chicago en las estructuras de sus cuatro esquinas.

4 Blancura deslumbrante

Al noroeste del puente se yergue el **Wrigley Building,** rascacielos de un blanco cegador. El magnate del chicle William Wrigley lo mandó construir así a propósito para que llamara la atención como una valla publicitaria; más de 250 000 baldosas de terracota vidriada componen la fachada.

5 Icono televisivo

Unas escaleras conducen a la **Billy Goat Tavern,** hamburguesería que inspiró un recordado *sketch* de John Belushi en *Saturday Night Live;* es un imán turístico, pero vale la pena.

6 Cuna de un plato típico

Toca dirigirse al norte por Rush St, girar a la izquierda por Ohio St y parar en la esquina con Wabash Ave. Si no es hora de comer, quizá se quiera regresar en otro momento a este referente del turismo gastronómico. Supuestamente (hay mucho debate al respecto), en 1943 Ike Sewell inventó la *deep-dish pizza* en **Pizzeria Uno.**

7 V de Victoria

El itinerario concluye con un brindis en **Three Dots and a Dash,** alegre bar *tiki* con su propio *speakeasy* (The Bamboo Room) donde catar rones; el nombre (tres puntos y una raya) alude a la letra V en código morse.

EXPERIENCIAS

Retroceder hasta la Gilded Age en el Driehaus Museum
EDIFICIO HISTÓRICO

PLANO: **1** P. 58 **C3**

Emplazado en la sublime mansión Nickerson (1883), el **Driehaus Museum** (*driehausmuseum.org, adultos/niños 20 US$/gratis*) permite sumergirse en la arquitectura y las artes decorativas de la Gilded Age. Un interior con mármol, ónice, tallas de madera y vidrieras da la bienvenida a quien visita esta opulenta residencia, la más cara de Chicago en el momento de su construcción. Se conservan muchos elementos originales de la casa, incluidos vidrios de Tiffany y otros suntuosos *objets d'art*. Se recomienda planificar un circuito guiado.

Hartarse de arte
GALERÍAS

El arte es uno de los puntos fuertes del barrio, como atestiguan las cuantiosas galerías de River North. **The Arts Club of Chicago** (PLANO: **2** P. 58 **D3**; *artsclubchicago. org*), club para mecenas de las artes, suena a lugar para gente estirada y lo parece por los caballeros trajeados y las damas envueltas en pieles que almuerzan en el comedor exclusivo para miembros. Pero se puede hacer caso omiso de todo ello e ir a las galerías de la 1ª planta, gratuitas y abiertas al público. El club acoge tres o cuatro exposiciones al año y frecuentes eventos públicos como mesas redondas, charlas y conferencias.

La independiente **Richard Norton Gallery** (PLANO: **3** P. 58 **A5**; *richardnortongallery.com, gratis*), escondida entre las salas de exposición y oficinas del Mart, se especializa en pintura y escultura americana y europea del s. xx. Se enorgullece de una amplia colección de obras modernas de artistas de la zona que fueron profesores o alumnos del Art Institute of Chicago.

Asistir a Art on the Mart
ESPECTÁCULO

PLANO: **4** P. 58 **A5**

Cada noche, una proyección de arte digital ilumina la fachada de uno de los mayores edificios del país. Cuando se inauguró, en 1930, como depósito de los grandes almacenes Marshall Field & Co, el **Mart** (*artonthemart.com*) –llamado entonces Merchandise Mart– se convirtió en el edificio más grande del mundo. El edificio, de 25 plantas, ocupa dos manzanas y tuvo su propio código postal por un tiempo.

De abril a diciembre, al anochecer, la fachada del Mart que da al río se transforma en un lienzo durante 30 min: las proyecciones cambian, pero quizá se asista a una musicalización de la colección del Art Institute o a colaboraciones entre artistas locales e internacionales. Uno de los mejores sitios para contemplar este espectáculo es el **River Walk** (p. 48), entre Wells St y Franklin St.

Matar el tiempo en originales museos interactivos

MUSEOS

El **Museum of Ice Cream** (PLANO: ⑤ P. 58 **D4**; *museumoficecream.com, desde 33 US$*) de Chicago es uno de los seis integrantes de una cadena de museos dedicada al helado. También es el único lugar de la ciudad que permite zambullirse en una gran piscina de virutas, que gusta por igual a adultos y niños. El Museum of Ice Cream combina rincones fotogénicos, propuestas interactivas y mucho helado para ofrecer una experiencia dulcísima con un *sundae* que sabe a perrito caliente al estilo de Chicago.

Los adultos que conozcan el *slime* popularizado por Nickelodeon querrán visitar el **Sloomoo Institute** (PLANO: ⑥ P. 58 **A2**; *sloomooinstitute.com, desde 22 US$*), que también es un destino de ensueño para los peques. Se puede jugar en espacios multisensoriales rebosantes de esta sustancia viscosa, descubrir sus diferentes olores y texturas, mirarse en espejos que transforman en criaturas pegajosas y hasta diseñar una versión de *slime* propia.

Disfrutar del agua

NATACIÓN Y NAVEGACIÓN

Quien va a Chicago por primera vez a menudo desconoce que es uno de los mejores destinos de playa del país gracias al vasto lago Míchigan. La pequeña **playa de Ohio Street** (PLANO: ⑨ P. 58 **F3**) queda lo bastante cerca del centro para bañarse y tomar el sol a la sombra de los rascacielos.

'MAZORCAS DE MAÍZ'

Las torres gemelas del complejo **Marina City** (PLANO: ⑦ P. 58 **C5**) triunfan en Instagram por su aspecto futurista que evoca unas mazorcas de maíz. Bertrand Goldberg fue el arquitecto que ideó estos rascacielos, completados en 1964 y que ocupan casi una manzana a orillas del río Chicago. Las estructuras, todo un emblema urbano, han aparecido en portadas de discos y películas, como el álbum de Wilco *Yankee Hotel Foxtrot*, la persecución por el garaje protagonizada por Steve McQueen en *Cazador a sueldo* y escenas de *Todo en un día*.

El complejo también alberga **House of Blues** (PLANO: ⑧ P. 58 **B5**), local de música en vivo cofundado por Dan Aykroyd, miembro del grupo The Blues Brothers.

Quien prefiera surcar el agua, puede optar por las **lanchas motoras Seadog** (PLANO: ⑩ P. 58 **H4**; *cityexperiences.com/chicago/city-cruises/seadog-cruises*), que recorren el segundo (en volumen) de los Grandes Lagos. También se puede remar de la mano de **Wateriders** (PLANO: ⑪ P. 58 **A4**; *wateriders.com*), la agencia de alquiler de kayaks más antigua de la ciudad, flotando entre torres de acero y hormigón a orillas del río Chicago o explorando el inmenso lago Míchigan.

Lo mejor para...

💲 Económico 💲💲 Medio 💲💲💲 Alto

Comer

Desayuno y 'brunch'

Beatrix 💲💲

12 B4

Extensa carta de *brunch* (sa-do) y desayuno (lu-vi) que incluye zumos recién exprimidos y cafés originales. *7.00-21.00 lu-ju, 8.00-22.00 vi-sa, hasta 21.00 do*

Doughnut Vault 💲

13 A4

Antigua cámara acorazada de un banco donde elaboran los dónuts glaseados más esponjosos de Chicago bajo lámparas de araña. *7.30-13.00*

'Deep-dish pizza'

Pizzeria Uno 💲💲

14 C4

Buena *deep-dish pizza* donde supuestamente se inventó. *11.00-23.00*

Gino's East 💲💲

15 D2

Uno de los cinco mejores restaurantes de *deep-dish pizza,* donde animan

a los clientes a pintar grafitis. *11.00-22.00*

Lou Malnati's 💲💲

16 A4

Receta especial con salchicha picante que da energía para un largo día de compras. *11.00-23.00 do-ju, hasta 24.00 vi-sa*

Giordano's 💲💲

17 C2

Reinterpretación moderna de la tradicional *pizza* de Pascua italiana. *11.00-23.00 do-ju, hasta 24.00 vi-sa*

Carne asada

Kinzie Chophouse 💲💲💲

18 A4

Asador conocido por su carne madurada en seco, su galardonada carta de vinos y su menú de degustación dominical. *11.30-21.30 lu-ju, hasta 22.00 vi, 17.00-22.00 sa, hasta 21.00 do*

Bavette's Bar & Boeuf 💲💲💲

19 A4

Atrayente asador con aspecto de bar clandestino. *16.00-22.30 lu-ju, 15.00-23.00 vi-sa, hasta 22.30 do*

Chicago Chop House 💲💲💲

20 B3

Entrantes de marisco y filetes con guarniciones populares para darse un festín. *16.00-22.00*

Gene & Georgetti 💲💲💲

21 A4

Bistecs bien curados en un restaurante que frecuentaba Frank Sinatra. *11.00-21.00 lu-ju, hasta 22.00 vi-do*

Sándwiches ternera y otros clásicos

Mr. Beef 💲

22 A3

Puesto especializado en sándwiches italianos de ternera con pimiento dulce y *giardiniera* (mezcla picante de verduras encurtidas) que inspiró la premiada serie de Hulu *The Bear.* *10.00-16.00 lu-sa*

Portillo's & Barnelli's 💲

23 B3

Ternera asada a fuego lento durante 4 h tras empaparla con una mezcla de condimentos perfeccionada a lo largo de 50 años. *10.00-1.00*

Localizaciones en el plano de la **p. 58**

Buona

 24 E3

Empresa familiar, líder nacional en sándwiches italianos de ternera. *10.00-22.30 do-ju, hasta 23.00 vi-sa*

Billy Goat Tavern ⓢ

 25 D4

Icónica hamburguesería que inspiró uno de los *sketches* más recordados de *Saturday Night Live*. *6.00-1.00 lu-ju, hasta 2.00 vi, hasta 3.00 sa, 9.00-2.00 do*

Comida mexicana

Tzuco ⓢⓢ

26 C3

Platos mexicanos con un toque francés del chef Carlos Gaytán, doble estrella Michelin. *16.00-22.00 lu-ju, hasta 23.00 vi, 10.00-14.00 y 16.00-23.00 sa, hasta 21.00 do*

Topolobampo ⓢⓢⓢ

27 B4

Sofisticada cocina mexicana en el restaurante insignia del imperio creado por el famoso chef Rick Bayless. *18.00-23.00 mi-ju, 17.30-21.00 vi-sa*

Para darse un homenaje

The Purple Pig ⓢⓢ

28 D4

Restaurante ganador del Premio James Beard que se especializa en tapas y platos a base de cerdo. *11.00-22.00*

Indienne ⓢⓢⓢ

 29 A3

Menú degustación indio, vegetariano y de pescado, con una estrella Michelin. *17.00-22.00 lu-sa*

Tortoise Supper Club ⓢⓢⓢ

30 C5

Cena de lujo con *jazz* en directo. *17.00-21.00 ma-ju, hasta 22.00 vi-sa*

Untitled Supper Club ⓢⓢⓢ

31 B5

Comida *gourmet*, *whiskeys* americanos y entretenimiento. *17.00-24.00 ma-mi, hasta 2.00 ju-vi, hasta 3.00 sa*

Beber

Cervecerías

The Green Door Tavern

32 A3

Bar con un siglo de historia, perfecto para una cerveza y una hamburguesa. *17.00-22.00 lu, 16.00-24.00 ma, hasta 2.00 mi-ju, 11.30-2.00 vi, hasta 3.00 sa, hasta 21.00 do*

Centennial Crafted Beer & Eatery

33 B2

Acogedor bar de barrio con 50 cervezas artesanales de barril y

catas. *16.00-23.00 mi-ju, 11.30-24.00 vi, desde 11.00 sa, 11.00-21.00 do*

Coctelerías

The Library (Gilt Bar)

34 A4

Cócteles de primera en un ambiente de *speakeasy* con asientos de terciopelo y arte *vintage*. *18.00-22.30 ju, hasta 23.00 vi-sa*

Comprar

Negocios locales

Colores Mexicanos

35 D3

Tienda en Michigan Ave gestionada por mujeres emigrantes. *10.00-18.30 lu-ju, hasta 19.30 vi-sa*

Mary Mary Gifts

36 B3

Objetos de todo el mundo en un edificio levantado hace 138 años. *11.00-18.00 lu-sa, hasta 17.00 do*

Garrett Popcorn Shops

37 D3

Empresa de palomitas cuyos recipientes son excelentes *souvenirs*. *10.00-20.00 do-ju, hasta 21.00 vi-sa*

Sugerencias
de lugares
para comer
y beber en
p. 77

Explora
Gold Coast

Las calles de este barrio no están revestidas de oro, pero tampoco resultaría sorprendente. Hace siglo y pico que los habitantes más ricos de Chicago viven en la "costa dorada". Aquí se podrán ver compradores cargados de joyas en sus elegantes *boutiques* y algún que otro Tesla y Rolls-Royce en sus arboladas avenidas. Las principales atracciones son el observatorio 360 Chicago y el Museum of Contemporary Art, pero también destaca la animación nocturna en los sofisticados asadores y piano-bares de Rush St. Un paseo por el barrio, especialmente por Astor St y alrededores, permite admirar algunas de las mansiones antiguas más bellas de la ciudad.

Cómo desplazarse

Metro (L)
Las estaciones de Clark/Division y Chicago (línea roja) dan acceso, respectivamente, a las partes norte y sur del barrio.

 Autobús
Los n° 3, 26 y 125 recorren Michigan Ave.

 Bicicleta
Hay menos estaciones del sistema Divvy que en otras zonas de la ciudad, pero se encuentran cerca de algunas calles importantes en el eje norte-sur.

A pie
Se aconseja caminar por Gold Coast para contemplar mansiones históricas, sobre todo en Astor St y sus inmediaciones.

LO MEJOR

ARTE
Museum of Contemporary Art (p. 72)

ARQUITECTURA HISTÓRICA
Charnley-Persky House (p. 76)

FOTO
360 Chicago (p. 73)

MUSEO PECULIAR
International Museum of Surgical Science (p. 76)

HOMENAJE AL DEPORTE
Chicago Sports Museum (p. 76)

Gold Coast.

Más información

Imprescindible ✪ p. 72
Experiencias ✪ p. 76
Comer ✕ p. 77
Beber ⊕ p. 77

400 m
0

Lago
Michigan

Lakefront Trail

N DuSable Lake Shore Dr

N DuSable Lake Shore Dr

N Stone St

3 International Museum
of Surgical Science

41

E Burton Pl

E Schiller St

N Ritchie Ct

N Astor St

1 Charnley-
Persky House

E Banks St

E Goethe St

N Scott St

13

E Scott St

N State Pkwy

5

GOLD
COAST

6

5

N Dearborn St

N Clark St

W Schiller St

W Goethe St

W Burton Pl

W Schiller St

N State Pkwy

N Astor St

E North Blvd

Lincoln
Park

N North Blvd

W North Blvd

N LaSalle Dr

OLD TOWN

Map Labels

Lakefront Trail

41

N DuSable Lake Shore Dr

N Lake Shore Dr

Lake Shore Park

Campus de la Northwestern University Chicago

F

E

E Walton St

N DeWitt Pl

E Pearson St

Museum of Contemporary Art

E Chicago Ave

E Lake Shore Dr

John Hancock Center

360 Chicago

Water Tower Place

Seneca Park

Chicago Sports Museum

N Michigan Ave

4

N Mies van der Rohe Way

D

E Elm St

E Cedar St

E Bellevue Pl

E Oak St

E Walton St

E Chestnut St

N Rush St

8

N Wabash Ave

Chicago

C

E Division St

9

N State St

12

N Rush St

E Delaware Pl

10

M

E Division St

16

14

11

7

M

N Dearborn St

W Maple St

N Clark St

Newberry Library

2

Washington Square

W Chestnut St

NEAR NORTH

W Chicago Ave

B

Clark/Division

M

W Division St

W Elm St

W Maple St

N Oak St

W Oak St

W Delaware Pl

N LaSalle Dr

A

⭐ **IMPRESCINDIBLE**

Museum of Contemporary Art

En contraste con la colección clásica del Art Institute of Chicago, la del **Museum of Contemporary Art** (MCA) se centra en vanguardistas obras contemporáneas que a menudo pertenecen a las artes visuales, incluida la técnica mixta; destaca especialmente la sección de fotografía moderna.

PLANO: P. 70 **E8**

CONSEJO
En verano, el jardín de la terraza acoge el ciclo gratuito de conciertos vespertinos "Tuesdays on the Terrace"; los asistentes pueden comprar comida y bebida o llevarse un pícnic.

Escanea este código QR para horarios y entradas.

Exposiciones

El MCA acogió la primera exposición individual de Jeff Koons y la primera de Frida Kahlo en EE UU; de hecho, el museo continúa montando muestras temáticas que a menudo se orientan a presentar el trabajo de artistas infravalorados o prometedores al público estadounidense. Las exhibiciones cambian aproximadamente cada tres meses.

La experiencia comienza en una escalera a pie de calle: tras subir los peldaños, el visitante encontrará obras de Jasper Johns, Andy Warhol y Kara Walker, artista afroamericana conocida por sus siluetas y sus representaciones de las trágicas consecuencias de la esclavitud; los responsables del museo se cuentan entre los coleccionistas más voraces del país de creaciones de mujeres afroamericanas.

Otros alicientes

Naturalmente, el arte es el gran atractivo del museo, pero su arquitectura también es digna de admiración. En la esquina noroeste del edificio hay una llamativa escalera en espiral con forma de hoja, mientras que la parte trasera oculta un estupendo jardín de esculturas en una terraza.

La plaza de enfrente es un lugar muy animado, sobre todo cuando se instala el mercado agrícola los martes por la mañana (7.00-14.00) de junio a octubre.

★ IMPRESCINDIBLE

360 Chicago

En lo alto del cuarto rascacielos más alto de la ciudad, en el 875 de North Michigan Ave, el mirador **360 Chicago** invita a sentirse como en una nube. Las vistas que brinda superan las de la Willis Tower porque el edificio, más cercano al lago Míchigan, permite disfrutar del panorama sin obstrucciones.

Plataforma de observación

PLANO: P. 70 **D7**

Primero se realiza un ascenso de vértigo a la **plataforma de observación** de la planta 94ª en unos de los ascensores más rápidos del país, que alcanza 32 km/h.

En días despejados, se divisan hasta cuatro estados desde este espacio colgado a más de 300 m de altura. Tras identificar símbolos de la ciudad como la Willis Tower, el estadio Wrigley Field, la playa de Oak Street y Navy Pier, el visitante puede sentir un subidón de adrenalina mirando por los ventanales móviles que se inclinan hacia el suelo (TILT) y saborear un cóctel en el **CloudBar.**

Arquitectura

El edificio, inaugurado en 1969 con el nombre de **John Hancock Center,** tiene suficiente aluminio para cubrir 12 campos de fútbol. Fazlur Khan y Bruce Graham, arquitectos a cargo del proyecto, diseñaron la estructura para que pudiera oscilar hasta 20 cm cuando soplan fuertes ráfagas de viento; cuatro años más tarde, proyectaron también la Willis Tower.

Los soportes con forma de cruz que caracterizan el exterior de la construcción abarcan 18 plantas cada uno; pese a su utilidad, el hecho de que tapen la vista ha provocado que disminuya el valor de las residencias cuyas ventanas se ven afectadas.

CONSEJO

Las vistas nocturnas son aún mejores si cabe; además, los miércoles y sábados de verano al atardecer se ven los fuegos artificiales de Navy Pier (último acceso: 22.00).

Escanea este código QR para horarios y entradas.

CIRCUITO A PIE

Gold Coast

Desde finales del s. XIX, los ciudadanos más adinerados de Chicago residen en Gold Coast. Por aquí se ven Bentleys aparcados frente a mansiones elegantes y mujeres con abrigos de piel que pasan el rato en cafeterías chic. Sin embargo, entre *boutiques* y restaurantes de lujo también se aprecian indicios de un disimulado lado sórdido.

INICIO	FINAL	DURACIÓN
3 Arts Club Cafe	Hopsmith	1,8 km; 1 h

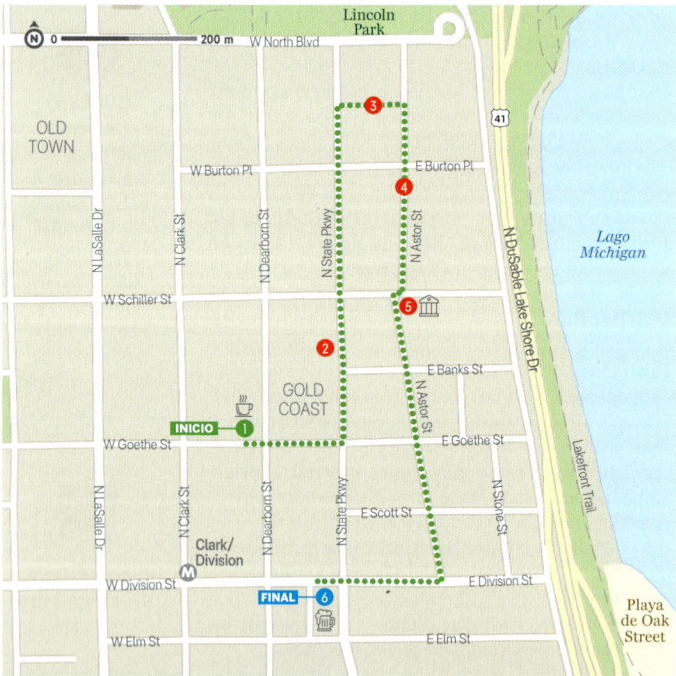

① Almuerzo ligero

Antes del paseo, es buena idea almorzar en el refinado **3 Arts Club Cafe,** con elegantes sofás en un soleado patio interior acristalado, lámparas de araña, árboles y una fuente. Está en un edificio de cinco plantas sede de la tienda de decoración y menaje del hogar RH. Cuando se fundó en 1912, era un club para mujeres versadas en las "tres artes" (música, pintura y declamación).

② Mansión de Hef

Se avanza hacia el este y se gira a la izquierda por N State Pkwy; en el nº 1340 se halla la **Mansión Playboy original.** El fundador de la revista *Playboy,* Hugh Hefner, vivió, trabajó y montó juergas durante la década de 1960 en este edificio de 1899. A mediados de la década siguiente, Hef se mudó a Los Ángeles y el lugar pasó a acoger apartamentos privados de lujo, por lo que no se puede entrar.

③ Suelo de madera

Siguiendo al norte por N State Pkwy se llega a **Wooden Alley,** callejón que atraviesa una manzana y conecta con Astor St. A finales del s. XIX y principios del XX era habitual revestir el suelo de las calles con bloques de madera, pues salía más barato que otros materiales. Esta vía de 1909, construida cuando la pavimentación con madera empezaba a decaer, constituye uno de los pocos ejemplos que quedan.

④ Moradas de ricos y famosos

Astor Street, hogar de algunos de los residentes más acaudalados de la ciudad, de ayer y de hoy, se bautizó en honor a John Jacob Astor, primer multimillonario de EE UU (jamás vivió aquí, pero pensaron que su nombre le daría caché). Entre los nº 1300 y 1500 de la misma calle hay varias mansiones erigidas a caballo entre los ss. XIX y XX para comerciantes acomodados y personalidades como el hijo de Mary Todd y Abraham Lincoln.

⑤ Modernidad al poder

En este mismo tramo se encuentra la **Charnley-Persky House,** diseñada por el arquitecto Louis Sullivan y su entonces aprendiz Frank Lloyd Wright, que rompió con las normas de construcción victorianas y sentó las bases de un estilo más moderno en la arquitectura residencial. Vale la pena dedicar tiempo a la visita guiada por su interior (mi, vi, sa).

⑥ Brindis con cerveza

Tras recorrer Astor St al sur hasta que muere en Division St, se vira a la derecha por esta y se anda unas cuantas manzanas hasta **Hopsmith,** bar-restaurante de dos plantas con una amplia selección de cervezas de barril a precios razonables.

EXPERIENCIAS

Ver por dentro una de las primeras casas diseñadas por Frank Lloyd Wright   EDIFICIO

PLANO: ❶ P. 70 **C3**

Mientras aún trabajaba para Louis Sullivan, un Frank Lloyd Wright de 24 años coproyectó la **Charnley-Persky House** *(sah.org/about-sah/charnley-persky-house),* mansión de 11 habitaciones que dio pie a una nueva era en el diseño arquitectónico al eliminar la ostentación victoriana en favor de formas simples y abstractas que marcarían el estilo moderno. Completada en 1892, hoy es sede de la Society of Architectural Historians.

Se ofrecen visitas guiadas de 45 min *(gratis 12.00 mi; 15 US$ 12.00 vi y sa, 10.00 sa abr-oct).*

Sentirse un ratón de biblioteca en la Newberry Library   BIBLIOTECA

PLANO: ❷ P. 70 **B6**

Las galerías públicas gratuitas de la **Newberry Library** *(newberry.org)* encandilan a los bibliófilos, que quedan extasiados al contemplar los panfletos originales de Thomas Paine sobre la Revolución francesa o la copia personal de Thomas Jefferson de *Historia de la expedición bajo el mando de los capitanes Lewis y Clark,* con notas de su puño y letra. Se exponen de forma rotativa fascinantes manuscritos amarillentos y primeras ediciones de su extensa colección, y se organizan circuitos gratuitos de 1 h por el edificio varias veces por semana.

Descubrir la magia de la medicina en el International Museum of Surgical Science   MUSEO

PLANO: ❸ P. 70 **C2**

El cautivador **International Museum of Surgical Science** *(imss.org, adultos/niños 30/23 US$),* sito en una antigua residencia señorial junto al lago Míchigan, es único en Norteamérica. Sus exposiciones revelan los asombrosos avances de la ciencia médica en campos como la óptica, la cicatrización de heridas, la anestesia y los rayos X.

Homenajear a los equipos deportivos locales en el Chicago Sports Museum   MUSEO

PLANO: ❹ P. 70 **D7**

Para entender la afición deportiva de la ciudad, hay que echar un vistazo a las vitrinas llenas de objetos históricos del **Chicago Sports Museum** *(chicagosportsmuseum.com, adultos/niños 10/6 US$).* El visitante podrá comparar su potencia de salto vertical con la de Michael Jordan y ponerse una réplica del anillo de la Super Bowl elaborado para el jugador de los Chicago Bears William "Refrigerator" Perry. También podrá admirar la colección dedicada a la Serie Mundial del 2016 de la liga de béisbol y buscar las botas que el jugador de los Chicago Cubs Kris Bryant llevó en la final ganada por su equipo, que puso fin a 108 años sin títulos. La entrada es gratis si se consume algo en el restaurante anexo **Harry Caray's 7th Inning Stretch.**

Lo mejor para...

$** Económico   **$$** Medio   **$$$ Alto

Comer

Desayuno y 'brunch'

3rd Coast Cafe **$**
 B4

Cafetería y enoteca con una carta de inspiración mediterránea que sirve desayunos todo el día. *7.00-21.00*

3 Arts Club Cafe **$$**
6 B4

Brunch, almuerzo y cena en el ajardinado patio interior con luz natural de una tienda de muebles de alta gama . *10.00-21.00 lu-sa, hasta 19.00 do*

Para darse un homenaje

Adalina **$$$**
7 B7

Modernos platos italianos y cócteles en el bar de la planta baja, Rose Lounge. *16.00-21.00 lu-mi, hasta 22.00 ju-vi, 11.00-22.00 sa, hasta 21.00 do*

Le Colonial **$$$**
8 C6

Sofisticada cocina vietnamita en un local que recuerda a la Saigón de la década de 1920.

12.00-22.00 lu-ju, hasta 23.00 vi, 11.30-23.00 sa, hasta 22.00 do

The Bellevue **$$$**
9 C6

Restaurante célebre por sus enormes costillas asadas y *wontons* de ternera italiana. *12.00-23.00 lu-mi, desde 11.00 ju-vi, desde 10.00 sa-do*

Bistronomic **$$$**
10 C8

Entre delicias francesas como *magret* de pato y *escargots* destacan la *crème brûlée* de chocolate y otros postres. *17.00-20.15 ma, 11.00-14.00 y 17.00-20.30 mi-vi, 10.00-14.00 y 17.00-20.30 sa-do*

Carne asada

Maple & Ash **$$$**
11 B6

Bistecs, torres de marisco y *brunches* de suma calidad en un local excelente para banquetes de celebración. *13.00-22.00 lu-ju, hasta 23.00 vi, 11.00-23.00 sa, hasta 22.00 do*

Gibson's **$$$**
12 C6

Asador con un bar donde tomar un martini antes de cenar. *11.00-24.00*

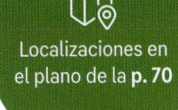
Localizaciones en el plano de la **p. 70**

The Ambassador Room **$$$**
13 C4

Restaurante que, pese a servir otras cosas aparte de carne, destaca por su solomillo de ternera. *17.00-22.00*

Beber

Bares

Sparrow
14 B5

Coctelería de inspiración cubana que sirve combinados con ron, coco y piña como La Floridita y Hotel Nacional. *16.00-2.00 do-vi, hasta 3.00 sa*

Zebra Lounge
15 B4

Piano-bar con música en vivo y con una decoración inspirada en las cebras. *19.00-2.00 lu-vi, 19.30-3.00 sa, hasta 2.00 do*

Hangge-Uppe
16 B5

Bar nocturno con DJ y un sótano donde bailar al ritmo de las décadas de 1970 y 1980. *21.00-4.00 ju-vi, hasta 5.00 sa*

Sugerencias
de lugares para
comer, beber
y comprar en
p. 88

Explora
Lincoln Park
y Old Town

Lincoln Park y Old Town son dos de los barrios más antiguos y encantadores de Chicago. Aquí se podrá pasear por calles con arquitectura victoriana, conectar con la naturaleza, ahondar en la historia local y comer en restaurantes con estrellas Michelin. Lincoln Park es el gran parque de la ciudad, con lagunas, senderos, playas y un zoo. Al sur, la elegante zona de Old Town preserva su espíritu bohemio con bares artísticos y el legendario club de comedia improvisada The Second City. Como el resto de la ciudad, estos barrios rebosan carácter e historia, y deparan agradables sorpresas.

Cómo desplazarse

 **Metro (L)**
La línea marrón, púrpura o roja lleva a Lincoln Park (estación de Fullerton); las dos primeras, a Old Town (estación de Sedgwick).

 **Autobús**
El n° 151, procedente del centro (por Lake Shore Dr), pasa cerca del Lincoln Park Zoo y otros atractivos.

 **Bicicleta**
Estos barrios con mucha vegetación son ideales para ciclistas. Se puede pedalear por los caminos pavimentados del Lincoln Park. Hay estaciones del sistema de bicicletas compartidas Divvy incluso dentro del parque.

Lincoln Park Zoo (p. 82).
OREN RAVID/SHUTTERSTOCK ©

LO MEJOR

ZONA VERDE
Lincoln Park (p. 82)

PLAYA
Playa de North Avenue (p. 83)

MUSEO
Chicago History Museum (p. 86)

COMEDIA
The Second City (p. 86)

MÚSICA EN VIVO
Kingston Mines (p. 86)

A B C D

W Diversey Pkwy
Diversey M
W Diversey Pkwy

1

31
15

N Wayne Ave
N Lakewood Ave
N Magnolia Ave
N Lincoln Ave
N Sheffield Ave

*Wild Hare &
Singing Armadillo
Frog Sanctuary*

N Halsted St
N Bissell St
N Burling St
N Orchard St
N Clark St

8 *AliveOne*

*Wieners
Circle* 10

5

14

W Wrightwood Ave
W Wrightwood Ave

♪ 4 *Kingston
Mines*

W Lill Ave

W Deming Pl

W Altgeld St

35

W Montana St

W Arlington Pl

16
13 *Biograph Theater*
22

30
Fullerton
*Lincoln
Hall* 6

LINCOLN PARK

W Fullerton Ave

N Surrey Ct
N Racine Ave
N Seminary Ave

2

*DePaul
University*

W Belden Ave
W Belden Ave

N Janssen Ave
N Southport Ave
N Wayne Ave
N Lakewood Ave

3

19

33

N Lincoln Ave
N Geneva Terr

W Webster Ave

17

N Clybourn Ave

W Dickens Ave

26

N Magnolia Ave
N Racine Ave
N Clifton Ave
N Seminary Ave
N Kenmore Ave
N Sheffield Ave
N Bissell St
N Fremont St
N Dayton St
N Halsted St

Oz Park

27
34

W Armitage Ave
Armitage M

37

4

W Cortland St

N Maud Ave
N Clybourn Ave

W Wisconsin St

N Bissell St
N Burling St
N Orchard St
N Howe St
N Larrabee St

Brazo norte del río Chicago

N Elston Ave
N Magley St
N Kingsbury St
N Willow St

W Willow St

W Willow St

25
23

OLD TOWN

5

94
90

North/Clybourn M

64

W North Ave

6

John F Kennedy Expwy

N Magnolia Ave
N Cherry Ave

N Kingsbury St
W Blackhawk St
N Halsted St
N Clybourn Ave

*Isla
Goose*

A B C D

E · F · G · H

1

N · 0 · 500 m

Diversey Harbor

Lincoln Park

W Wrightwood Ave

N Lakeview Ave

N Cannon Dr

North Pond

N Stockton Dr

21 Sultan's Market

Más información

Imprescindible ⭐ p. 82
Experiencias ✳️ p. 86
Comer ✴️ p. 88
Beber 🍷 p. 89
Comprar 🛍️ p. 89

N DuSable Lake Shore Dr

Peggy Notebaert Nature Museum
9

Playa de Fullerton

2

W Fullerton Pkwy

Lincoln Park Conservatory

Alfred Caldwell Lily Pool

N Cleveland Ave

N Lincoln Park W

Lincoln Park Zoo

Lago Michigan

3

24

W Webster Ave

South Lagoon

N Clark St

N Stockton Dr

20

W Dickens Ave

N Lincoln Ave

N Cannon Dr

7 Park West

N Hudson Ave

W Wisconsin St

South Pond

N DuSable Lake Shore Dr

4

41

N Mohawk St

N Hudson Ave

W Menomonee St

J Parker

Playa de North Avenue

12 Marge's Still

W Willow St

N Wells St

🔺 Lincoln Park

5

N Sedgwick St

11 Twin Anchors

W Eugenie St

Couch Tomb

W LaSalle Dr

Standing Lincoln

2 Second City

1 Chicago History Museum

W North Ave

Sedgwick

M

32

Zanies
3

64 E North Blvd

23

N North Park Ave

N Wieland St

38

N LaSalle Dr

W Burton Pl

41

Lago Michigan

6

W Blackhawk St

29

36

N Clark St

N Dearborn St

N State Pkwy

N Astor St

W Schiller St

18

39

E · F · G · H

Lincoln Park

Con 4,9 km², el **Lincoln Park,** el mayor parque público de Chicago, se extiende hacia el norte desde el barrio homónimo hasta Edgewater. Aparte de ser uno de los más turísticos de EE UU, atrae a muchos lugareños, que acuden para pasear, hacer un pícnic, tomar el sol, practicar deporte o visitar el zoo.

PLANO: P. 80 **G5**

CONSEJO
Comprar provisiones para un pícnic en los mercados y puestos de comida para llevar de Clark St y Diversey Pkwy o en el mercado agrícola matutino (mi may-oct, sa abr-nov).

Escanea este código QR para consultar los horarios.

Lincoln Park Zoo y otras propuestas gratis

Inaugurado en 1868 y de acceso gratuito, el **Lincoln Park Zoo** es uno de los zoológicos más antiguos del país y ha entretenido a sucesivas generaciones. El recinto acoge unos 1100 animales de todo el mundo, incluidos chimpancés, gorilas occidentales de llanura, leones, pingüinos y osos negros.

El frondoso **Lincoln Park Conservatory** y el **Alfred Caldwell Lily Pool** quedan cerca y tampoco cobran entrada. El primero es un elegante invernadero acristalado de época victoriana repleto de helechos centenarios, palmeras altísimas y fragantes flores tropicales; independientemente de la temperatura que haga fuera, el interior permanece siempre verde y exuberante. Por su parte, el sugestivo estanque de nenúfares se emplaza al noreste del invernadero, en la esquina entre Fullerton Ave y Cannon Dr. Diseñado en 1938 por el paisajista Jens Jensen, el jardín ha sido declarado monumento histórico nacional por su estilo de la pradera, con un uso de plantas autóctonas y mampostería que evoca los cañones estratificados del valle del río Wisconsin. El estanque, una destacada escala para aves migratorias, también atrae a tortugas y libélulas.

Illinois, "la tierra de Lincoln"

En el extremo sur del parque hay una **estatua de Lincoln** realizada por Augustus Saint-Gaudens que

ELESI/SHUTTERSTOCK ©

representa a Abraham, decimosexto presidente de EE UU y epónimo de este espacio verde, en actitud contemplativa antes de pronunciar un discurso. El escultor se basó en moldes del rostro y las manos de Lincoln tomados en vida. Cerca, junto a LaSalle Dr y Clark St, se puede echar un vistazo a la **tumba de Couch,** único vestigio del cementerio municipal que había aquí antes de 1864; cuando se creó el Lincoln Park, los restos mortales fueron reubicados.

Preparados, listos... ¡relax!

La **playa de North Avenue** (foto) es una idílica franja de arena con acceso al lago Míchigan por Diversey Harbor, muelle con rampas para embarcaciones y un espacio para repostar. Hay canales para remar y navegar, dos estanques con avifauna y senderos para correr y montar en bicicleta. En verano, se imparten clases de yoga en el parque.

UNA PAUSA
El informal **Sultan's Market** sirve abundantes platos de especialidades de Próximo Oriente; el pomposo **The J. Parker,** ofrece cócteles en una azotea.

CIRCUITO A PIE

Lincoln Park y Old Town

Para entretener a los peques sin gastar demasiado, se puede pasar un día en familia en el Lincoln Park. Desde hace generaciones, los habitantes de Chicago acuden aquí para disfrutar de las zonas verdes, el lago y uno de los últimos zoológicos gratuitos del país.

INICIO	FINAL	DURACIÓN
Farm-in-the-Zoo	Malecón de Fullerton	3,2 km; 3 h

① Rebelión en la granja

La ruta parte de **Farm-in-the-Zoo,** granja ubicada en la punta sur del Lincoln Park Zoo con toda clase de animales de corral donde los niños pueden acariciar ovejas, ver nacer polluelos y dar de comer a gallinas y vacas. El personal ofrece demostraciones de ordeño de vacas, limpieza de caballos y otras labores.

② Paseo por humedales

Al norte se halla **Nature Board-walk,** pasarela de 800 m que rodea el ecosistema de humedal del South Pond; una serie de carteles describen el entorno pantanoso y los animales que lo habitan. El arco moderno que se alza en la orilla este del estanque es el Education Pavilion, diseñado por la arquitecta local Jeanne Gang (célebre por la Aqua Tower) a imitación de un caparazón de tortuga.

③ Pausa para almorzar

Sin duda, la caminata abrirá el apetito; antes de que los críos refunfuñen, se aconseja salir del parque para llenar el estómago en **R. J. Grunts.** Padres e hijos pueden atiborrarse aquí de hamburguesas y batidos de chocolate, mantequilla de cacahuete y plátano; la carta y el jaleo convencerán a los niños y hasta los más quisquillosos con la comida encontrarán algo de su agrado.

④ ¿Zoo o jungla?

Tras saciar el hambre, toca explorar recreaciones de regiones geográficas en el Regenstein African Journey, hogar de hipopótamos pigmeos, cebras, rinocerontes, jirafas y otras especies africanas, y ver jugar a los simios en la Ape House, los dos mejores espacios del **Lincoln Park Zoo,** a la sombra de imponentes rascacielos.

⑤ Hermoso estanque de nenúfares

Una vez finalizada la visita al zoo, se continúa al norte por el parque hasta el **Alfred Caldwell Lily Pool,** oasis oculto que invita a sentarse en paz mientras los peques van en busca de tortugas y libélulas.

⑥ Punto panorámico

Si aún queda energía, se recomienda dirigirse al este por Fullerton Pkwy hasta el **malecón** que bordea el lago. Este promontorio curvo ofrece una de las mejores perspectivas del perfil urbano, telón de fondo ideal para una foto familiar de recuerdo.

EXPERIENCIAS

Familiarizarse con la historia local en el Chicago History Museum   MUSEO

PLANO: **1** P. 80 **F5**

Uno puede descubrir todo lo que siempre quiso saber sobre el pasado de Chicago con las exposiciones multimedia del **Chicago History Museum** *(chicagohistory.org, adultos/niños 19 US$/gratis),* que cubren desde el Gran Incendio de 1871 hasta la Convención Demócrata de 1968. El museo alberga el lecho de muerte de Lincoln, el cencerro de la vaca de la Sra. O'Leary (supuesta culpable del fuego), el primer vagón de pasajeros del sistema de trenes elevados de la ciudad, una copia firmada de la Proclamación de Emancipación de 1863 y un bastón usado por Charlie Chaplin durante sus rodajes en Chicago a principios del s. xx.

Reírse a carcajadas en The Second City   COMEDIA

No hay mejor barrio para desternillarse que Old Town; aquí está **The Second City** (PLANO: **2** P. 80 **F5**; *secondcity.com*), icónico club de comedia y centro de formación del que salen estrellas de *Saturday Night Live* desde hace décadas: Tina Fey, Jim Belushi y Stephen Colbert son solo algunos de los que se han curtido en este escenario.

The Second City acoge monólogos en directo cada noche y sesiones de improvisación los viernes y sábados de madrugada; se puede cenar o tomar algo en **1959 Kit-** **chen & Bar** antes de que empiece el espectáculo.

Zanies (PLANO: **3** P. 80 **F6**; *chicago.zanies.com*), en N Wells St, es otro club de comedia más íntimo, con solo 100 plazas; Jimmy Fallon, Sarah Silverman, Tiffany Haddish, Kevin Hart, Chris Rock, Dave Chappelle han actuado aquí.

Escuchar música en vivo en Kingston Mines   BLUES

PLANO: **4** P. 80 **C2**

Abierto en 1968, **Kingston Mines** *(kingstonmines.com)* es el club de *blues* más grande y antiguo de Chicago en funcionamiento continuo. Ofrece cuatro conciertos a la semana en dos íntimos escenarios.

Aquí se han exhibido virtuosos del *blues* como Junior Wells, Billy Branch, Magic Slim y Koko Taylor, pero también se da espacio a músicos desconocidos en la *open jam* de los domingos (17.30-2.00).

Observar mariposas en el Peggy Notebaert Nature Museum   MUSEO

PLANO: **9** P. 80 **F2**

El interactivo **Peggy Notebaert Nature Museum** *(naturemuseum. org, adultos/niños 17/10 US$)* es uno de los mejores museos de Chicago para familias. En su invernadero de 250 m², 40 especies de mariposas exóticas vuelan libremente entre flores y árboles tropicales. Se aprenderá en él cómo las orugas se metamorfosean en imagos y se verá alzar el vuelo por primera vez a los lepidópteros

(14.00). Es posible reservar una sesión de yoga en el mariposario el sábado por la mañana y pasar una noche en el museo.

Abrir y cerrar boca en The Wiener's Circle
COMIDA RÁPIDA

PLANO: 10 P. 80 D1

Tan famoso por las groserías como por los perritos calientes y las patatas fritas con *cheddar,* **The Wiener's Circle** *(wienerscirclechicago. com)* es un puesto de comida rápida de día y, entre semana, también de noche. El desmadre se produce los fines de semana a partir de las 2.00, cuando los bares cercanos cierran; los viernes y sábados, está abierto hasta las 5.00.

Revivir la época de la Ley Seca
RUTA DE BARES

En la década de 1920, gánsteres como Al Capone, Bugs Moran y Baby Face Nelson mandaban en las calles de Chicago. Mientras estuvo en vigor la Ley Seca, que prohibió fabricar, vender y transportar alcohol en EE UU de 1920 a 1933; solo se podían consumir bebidas alcohólicas en *speakeasies* (locales ilegales) como **Twin Anchors** (PLANO: 11 P. 80 E5; *twinanchorsribs.com*), que conserva el pasadizo secreto entre la taberna y el edificio de apartamentos contiguo, construido para huir en las redadas.

Marge's Still (PLANO: 12 P. 80 E5; *margeschicago.com*), una manzana al norte, era otro bar clandestino con nombre disimulado (Victor Caruso's Soft Drinks). En el Chi-

LA MEJOR MÚSICA EN VIVO MÁS ALLÁ DE KINGSTON MINES

Wild Hare & Singing Armadillo Frog Sanctuary
PLANO: 5 P. 80 C1

En el *brunch* dominical sirven ponche de ron, gofres de plátano, gachas con *gouda* y carne *jerk* al son de música *reggae.*

Lincoln Hall
PLANO: 6 P. 80 C2

En este atractivo recinto mediano con acústica excelente tocan publicitadas bandas nacionales de *indie.*

Park West
PLANO: 7 P. 80 E4

Construido en 1916 como sala de vodevil y cine, este glamuroso auditorio presenta un interior único con forma de diamante.

aliveOne
PLANO: 8 P. 80 D1

Un sitio para ver grupos locales o escuchar la gramola, que solo reproduce grabaciones de conciertos: de Springsteen, Pink Floyd, Pixies, Led Zeppelin, Muddy Waters, Jimi Hendrix, etc.

cago History Museum se expone un alambique usado para destilar licores durante la Ley Seca.

Más al norte está el **Biograph Theater** (PLANO: 13 P. 80 C2), cine donde el atracador de bancos John Dillinger vio una película antes de que el FBI lo matara a tiros.

SUGERENCIAS

Lo mejor para...

$** Económico **$$** Medio **$$$ Alto

Comer

Desayuno y 'brunch'

The Brunchery $$
 D1

Local de Lincoln Park que triunfa en el barrio por su *brunch* desde hace décadas. *9.00-15.00*

Batter & Berries $$
15 B1

Restaurante donde se aconseja pedir una degustación de torrijas. *8.00-15.00 vi-lu, 9.00-14.00 ma-ju*

The Bagelers Coffeehouse $
16 C2

Lugar tranquilo para trabajar con el portátil degustando café, *bagels* y bollos. *7.00-15.00 lu-vi, desde 8.00 sa-do*

Jam 'n Honey $
 C3

Cafetería informal que sirve tortitas, torrijas y otros clásicos del desayuno americano. *8.00-21.00 lu-vi, hasta 15.00 sa-do*

Propuestas informales

Small Cheval $
18 F6

Cadena filial de Au Cheval donde devorar hamburguesas con patatas fritas sin hacer cola. *11.00-23.00*

Pequod's Pizza $$
19 A3

Deep-dish pizza adorada por los lugareños debido a la gruesa corteza caramelizada con queso. *11.00-2.00 lu-sa, hasta 24.00 do*

Chicago Pizza & Oven Grinder Company $$
20 F3

Única *pizza pot pie* de la ciudad, más similar a una empanada. *16.00-22.00 lu-ju, hasta 23.00 vi, 11.00-23.00 sa, hasta 22.00 do*

Aloha Eats $
21 E2

Especialidades hawaianas como *musubi* (rollo de arroz envuelto en alga), *saimin* (sopa de fideos de huevo) y *katsu* (chuleta empanada), muchas de ellas con *spam* (carne enlatada) como ingrediente principal. *11.00-21.00 ma-ju,*

hasta *22.00 vi-sa,* hasta *17.00 do*

Localizaciones en el plano de la **p. 80**

Para darse un homenaje

Galit $$$
 C2

Restaurante de Próximo Oriente con estrella Michelin y ambiente animado, menú de degustación y cócteles originales. *17.00-21.00 ma-ju, hasta 21.30 vi-sa*

Alinea $$$
23 D5

Creativo menú de degustación premiado con tres estrellas Michelin que es realmente único en el mundo. *17.00-22.00*

Esmé $$$
24 E3

Menús de degustación inspirados en el arte que varían cada pocos meses y han valido una estrella Michelin al chef. *17.00-22.00 mi-do*

Boka $$$
25 D5

Frecuentado restaurante con estrella Michelin que apuesta por platos estadounidenses de temporada. *17.00-21.00 do-ju, hasta 22.00 vi-sa*

Comida internacional

Athenian Room
26 C3

Comida griega con un servicio rápido. *16.00-21.30 lu-mi, hasta 22.00 ju-vi, 12.00-22.00 sa, hasta 21.00 do*

Cafe Ba-Ba-Reeba! $$
27 C4

Local español que sirve tapas, pinchos y sangría. *16.00-21.00 ma-ju, 11.30-23.00 vi, desde 10.00 sa, 10.00-21.00 do-lu*

Kamehachi $$
28 F6

Uno de los restaurantes de *sushi* más antiguos, donde se representa la comedia BATSU! el fin de semana. *11.30-21.00 do-mi, hasta 22.00 ju-sa*

Topo Gigio $$
29 F6

Restaurante italiano cuya carta toscana se centra en el marisco. *11.30-22.00 ma-ju, hasta 22.30 vi-sa, 16.00-21.00 do*

Beber
'Pubs' y antros

The Red Lion Pub
30 C2

Pub inglés que parece una biblioteca casera de ensueño con un bar bien surtido. *16.00-1.00 lu-ju, hasta 2.00 vi, 12.00-2.00 sa, 10.30-24.00 do*

Delilah's
31 B1

Antro musical que sirve más de 1000 *whiskeys* y de 200 cervezas diferentes. *16.00-2.00 lu-vi, 11.00-3.00 sa, hasta 2.00 do*

Old Town Ale House
32 F5

Modesto bar de barrio próximo al club de comedia The Second City. *15.00-4.00 do-vi, hasta 5.00 sa*

Coctelerías

King of Cups
33 D3

Elegante coctelería con elaborados candelabros que aportan luz tenue y lecturas de tarot cada noche. *17.00-2.00*

Comprar
Moda

McShane's Exchange Consignment
34 C4

Ropa, bolsos y zapatos de diseño de segunda mano ordenados por colores. *11.00-19.00 lu-vi, desde 10.00 sa, 12.00-18.00 do*

Elliott Consignment
35 C2

Tienda de reventa local cuyo objetivo es dar nueva vida a prendas de calidad usadas. *11.00-17.00*

Gold Coast Couture
36 F6

La mejor sombrerería de lujo de Chicago: para comprar tocados dignos del Derby de Kentucky. *Solo con cita previa*

Regalos y 'souvenirs'

All She Wrote
37 C4

Lugar perfecto para adquirir tarjetas, invitaciones, artículos de papelería, regalos y *souvenirs* locales que no resulten cursis. *11.00-18.00 ma-sa, 12.00-17.00 do*

Comida y bebida

The Spice House
38 F6

Condimentos, sales y cualquier especia necesaria para una buena parrillada, incluidas mezclas de la casa. *10.00-18.00 lu-sa, hasta 17.00 do*

The House of Glunz
39 F6

Bar y tienda de vinos local que se remonta a 1888. *12.00-20.00 lu-sa, hasta 17.00 do*

Sugerencias
de lugares para
comer, beber
y comprar en
p. 101

Explora
Lake View
y Wrigleyville

La zona de Lake View, célebre por el béisbol y la vida nocturna, abarca varios barrios. Wrigleyville destaca por el estadio Wrigley Field, el colectivo LGTBIQ+ se da cita en los clubes de Northalsted, Roscoe Village cautiva con su tranquila atmósfera de pueblo y Southport Corridor rebosa de negocios y restaurantes exclusivos. Además de históricos bares llenos de fans de los Cubs que beben cerveza, en esta zona hay coctelerías, tiendas de dónuts y sitios para comer.

Cómo desplazarse

 **Metro (L)**
La estación de Addison (línea roja) da acceso a Wrigleyville; la de Belmont (roja, marrón y púrpura), a Northalsted; y la de Paulina (marrón), a Roscoe Village y Southport Corridor.

 **Autobús**
Resultan útiles las líneas n° 152 (Addison), 9 (Ashland), 77 (Belmont), 50 (Damen), 76 (Diversey) y 49 (Western).

 **A pie/bicicleta**
Es una zona compacta, fácil de recorrer a pie. También hay estaciones del sistema de bicis compartidas Divvy para desplazarse entre puntos más alejados.

LO MEJOR

DEPORTE
Wrigley Field (p. 92)

BARRIO GAY
Northalsted (p. 94)

MÚSICA EN VIVO
Metro (p. 99)

AMBIENTE TRANQUILO
Roscoe Village (p. 99)

RITO DE PASO
Bares de Wrigleyville (p. 99)

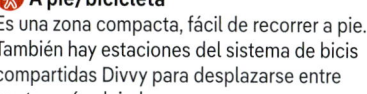

Alta Vista Terrace (p. 97).

★ IMPRESCINDIBLE

Wrigley Field

Inaugurado en 1914, el **Wrigley Field** es el segundo estadio de béisbol más antiguo de las Grandes Ligas. Este clásico ejemplo de cultura estadounidense, con un marcador manual, vallas cubiertas de hiedra y un icónico letrero de neón, se asocia a tradiciones y maldiciones legendarias.

PLANO: P. 98 **B3**

CONSEJO

La sección Upper Reserved Infield está muy arriba, pero brinda una vista aceptable y suele ser barata; las gradas descubiertas son las más animadas, pero el sol puede pegar fuerte.

Escanea este código QR para circuitos, entradas y más información.

Alrededores

En torno al campo hay casas, bares, restaurantes y hasta un parque de bomberos. La explanada con césped al norte del acceso principal, **Gallagher Way,** cuenta con mesas, sillas, cafetería y una pantalla gigante; normalmente, se abre al público gratis y acoge sesiones de cine, conciertos y clases de *fitness* al aire libre, pero cuando se disputan partidos se reserva a quienes tienen entrada como espacio para beber cerveza y ver las jugadas de los Cubs en vídeo.

Partidos y circuitos

Las puertas se abren 1½ h antes del comienzo del partido. Se aconseja llegar con 1 h de margen para curiosear, familiarizarse con los mejores jugadores de la historia del club en el **Walk of Fame** (tras la grada derecha), ver calentar a los bateadores y sacarse fotos cerca del terreno de juego (hasta 30 min antes del inicio).

Casi cada día (mar-sep) se ofrecen circuitos de 90 min (30 US$) por la sección superior, las gradas descubiertas, el campo y otras partes del estadio; si no hay partido, también se accede al palco de prensa, el banquillo y el vestuario del equipo visitante.

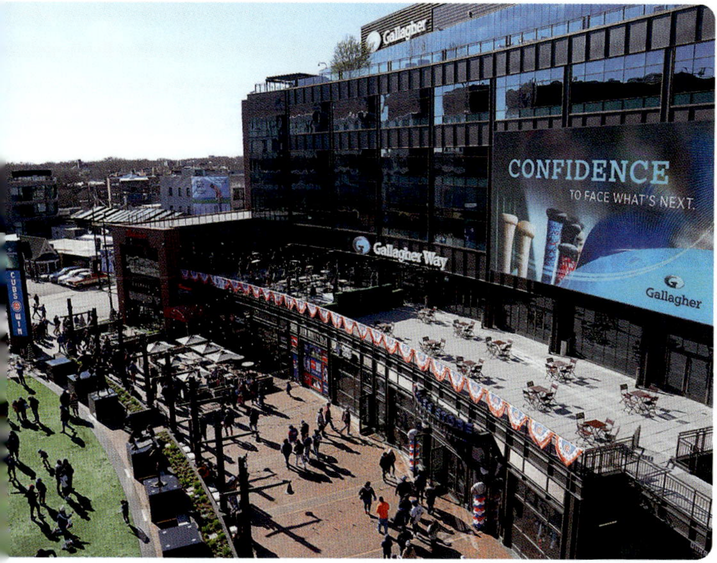

QUIGGYT4/SHUTTERSTOCK ©

Tradiciones y maldiciones

En el descanso de la séptima entrada, es tradición entre los espectadores levantarse y cantar a coro la canción "Take Me Out to the Ball Game", interpretada a menudo por un invitado famoso, como Mr. T, Ozzy Osbourne o el meteorólogo local.

Igual de conocida es la maldición de 1945. Aquel año, los Chicago Cubs disputaron la Serie Mundial contra los Detroit Tigers; Billy Sianis, dueño de Billy Goat Tavern, quiso acceder al Wrigley Field con su cabra para ver un partido de dicha final, pero no le permitieron el paso. Fuera de sí, vaticinó que los Cubs jamás volverían a proclamarse campeones.

La imprecación pareció surtir efecto hasta el 2016, cuando el equipo ganó el título tras una increíble remontada.

UNA PAUSA
Antes de un partido de los Cubs se impone una ronda de cervezas en **Murphy's Bleachers,** histórico antro a tiro de piedra del Wrigley Field.

Northalsted, el barrio gay

Al este del Wrigley Field, la abundancia de banderas arcoíris, bares y discotecas anuncia la llegada a **Northalsted;** el próspero barrio gay de Chicago se caracteriza por el bullicio diurno en Broadway St y el hedonismo nocturno en Halsted St.

PLANO: P. 98 **C4**

CONSEJO
Es mejor visitar el barrio durante su apogeo nocturno, pues de día el interés se limita a las compras (entre semana) y el *brunch* (fin de semana).

Escanea este código QR para consultar el directorio de negocios locales y los eventos programados.

Ocio nocturno

Sidetrack, en pleno meollo desde la fundación del barrio, atrae a un gentío el primer martes de cada mes con historias de la comunidad LGTBIQ+. Al otro lado de la calle está **Roscoe's Tavern,** otra institución local con un bar informal delante, una pista de baile detrás y un patio al aire libre donde triunfa el *drag*. Cerca, el bar **The Closet** –abierto hasta las tantas y propiedad de lesbianas– cambia de ambiente sobre las 2.00, cuando las mujeres se mezclan con los hombres y la música y el alboroto van *in crescendo*. **Willies 'n Waffles** está bien para picar algo de madrugada si uno no se escandaliza ante bocados con forma de genitales y nombres obscenos.

Negocios y "días de mercado"

En Halsted St hay varias tiendas de ropa usada y fetichista: se encontrarán arneses de cuero, esposas y lencería sexi en **Men's Room,** así como bañadores, prendas deportivas, suspensorios y *slips* para hombre en **Egoist Underwear** (muchos artículos son de malla). En Broadway St, **Unabridged Bookstore** tiene una excelente sección para homosexuales; sus libros abarcan desde la familia homoparental hasta la espiritualidad *queer*.

El colectivo LGTBIQ+ se desmelena durante un tórrido fin de semana de mediados de agosto en

ADONNELLY_IMAGING/SHUTTERSTOCK ©

los **Northalsted Market Days,** uno de los eventos más destacados del barrio. Los asistentes, ya sean gais o heteros, deambulan entre puestos a lo largo de 1 km en Halsted St junto a *drag queens* con boas de plumas, gente que juega al Twister en la calle y divas de la música *disco* que suben al escenario. En el pasado han actuado solistas y grupos como Lizzo, Joan Jett, Pussy Riot y Village People.

Desfile del Orgullo

El último domingo de junio, coloridas carrozas y atrevidos parranderos atestan Broadway St y Halsted St en Northalsted (Boystown); el **Desfile del Orgullo** (foto), la gran cita para la comunidad LGTBIQ+, congrega a más de 800 000 personas.

UNA PAUSA
El *brunch* dominical de **Wood** es muy popular por la carne recién cortada y el pan cocido en su horno de leña. **Jennivee's Bakery,** de dirección filipina, tienta con cremosos *cupcakes* glaseados de ñame y mango.

95

CIRCUITO A PIE

Lake View y Wrigleyville

Lake View invita a pasar un buen rato con incontables bares, teatros, clubes de *rock* y restaurantes internacionales; la zona incluye Wrigleyville, es decir, los alrededores del Wrigley Field. Esta parte de la ciudad es más conocida por la vida nocturna que por los monumentos; el itinerario propuesto incluye béisbol, bares, historia LGTBIQ+ y una sorprendente joya arquitectónica.

INICIO	FINAL	DURACIÓN
Sidetrack	Metro	2,4 km; 1½ h

EXPLORA

LAKE VIEW Y WRIGLEYVILLE

Wunders Cemetery (cementerio judío)

N Racine Ave

W Byron St

Sheridan

WRIGLEYVILLE

W Grace St

W Grace St

N Clark St

N Seminary Ave

N Kenmore Ave

N Sheffield Ave

FINAL

W Waveland Ave

W Waveland Ave

N Racine Ave

N Lakewood Ave

Wrigley Field

N Wilton Ave

N Fremont St

N Halsted St

W Addison St

Addison

LAKE VIEW

W Eddy St

N Clark St

W Cornelia Ave

W Cornelia Ave

N Sheffield Ave

W Newport Ave

W Newport Ave

N Elaine Pl

N Seminary Ave

W Roscoe St

INICIO

W Buckingham Pl

NORTHALSTED

N 0 — 400 m

1 Distracción inicial

Se empieza en **Sidetrack,** bar que popularizó el barrio gay de Northalsted en la década de 1980. Hoy, Halsted St está repleta de locales nocturnos y tiendas para el colectivo LGTBIQ+, incluido este inmenso espacio que pone música *dance* para un público homosexual y heterosexual y acoge toda la semana desde espectáculos de *drag* hasta bailes al estilo de Beyoncé.

2 Sabor histórico

Toca dirigirse al oeste por Newport Ave dejando atrás bonitas residencias hasta Clark St, donde una sucesión de bares conduce al Wrigley Field. Basta desviarse ligeramente por Sheffield Ave para llegar a **Nisei Lounge,** donde quedaba la comunidad japonesa local tras la II Guerra Mundial; ahora es un antro que sirve generosos chupitos de Malört.

3 Gallagher Way

Andando por Clark St se alcanza enseguida el clásico estadio de béisbol; tras sacarse una foto bajo su emblemático letrero de neón, uno puede unirse a la multitud en **Gallagher Way,** explanada que acoge conciertos y mercadillos si no hay partido.

4 Caray y los Cubs

Al girar al este por Waveland Ave y rodear el campo se verán los Wrigley Rooftops, edificios con gradas en la azotea que se alquilan a grupos y ofrecen una perspectiva única del terreno de juego. Poco más adelante se halla la **estatua** de Harry Caray, legendario *speaker* de los Cubs.

5 Arquitectura londinense

Acto seguido se avanza al norte por Sheffield Ave, se gira a la izquierda por Grace St y se continúa hasta **Alta Vista Terrace,** calle que reproduce las típicas casas adosadas de Londres; las 20 viviendas con detalles exquisitos conforman una especular diagonal.

6 Alto para un 'souvenir'

Grace St lleva de vuelta a Clark St; allí se puede comprar un recuerdo gracioso en **Obvious Shirts,** donde crean camisetas sencillas con ocurrentes textos sobre fondo monocolor, incluyendo alusiones a las formaciones deportivas locales.

7 Estrellas en ciernes

El paseo termina en **Metro,** recinto consagrado al *rock* desde hace más de cuatro décadas donde suelen actuar bandas a punto de saltar a la fama.

Más información

Ampliación

UPTOWN

W Buena Ave

WRIGLEYVILLE

Gallagher Way

Mordecai

Alma

0   50 m

Wunders Cemetery
(cementerio
judío)

WRIGLEYVILLE

W Byron St

W Byron St

Sheridan

W Grace St

W Irving
Park Rd

W Dakin St

Steingold's
of Chicago

Metro

Murphy's
Bleachers

Willies 'n
Waffles

Egoist
Underwear

W Waveland Ave

Véase ampliación

Wrigley Field

Pride Parade

W Addison St

W Addison St

Addison

Southport
Grocery & Cafe

Sluggers

W Eddy St

W Cornelia Ave

Corridor Brewery
& Provisions

Nisei Lounge

W Cornelia Ave

Northalsted
Market Days

Southport

W Newport Ave

Men's Room

W Roscoe St

Roscoe's Tavern
Sidetrack

Northalsted

Little Goat Diner

W Henderson St

W School St

Jennivee's
Bakery

Wood

W Buckingham Pl

The Closet

W Aldine Ave

W Melrose St

LAKE VIEW

Unabridged
Bookstore

W Belmont Ave

W Belmont Ave

Schubas

Belmont

W Briar Pt

W Fletcher St

W Barry Ave

W Barry Ave

W Barry Ave

W Wellington Ave

Wellington

W Wellington Ave

W Oakdale Ave

W George St

W Wolfram St

Diversey

W Diversey Pkwy

W Diversey Pkwy

EXPERIENCIAS

Darlo todo en los clubes de Lake View   MÚSICA EN VIVO

Lake View garantiza estupenda música en directo cada noche gracias a montones de clubes. El mejor es **Metro** (PLANO: ❶ P. 98 **B3**; *metrochicago.com*), recinto consagrado al *rock* desde hace más de cuatro décadas donde suelen actuar bandas a punto de saltar a la fama; p. ej., tras el concierto inaugural de R.E.M. en 1982, subieron al escenario Sonic Youth; antes, en la década de 1970, o habían hecho los Ramones y luego, Nirvana y Jane's Addiction en la de 1990 y The White Stripes y The Killers en la de los 2000.

Schubas (PLANO: ❷ P. 98 **A5**; *lh-st.com*) le pisa los talones; emplazado en una antigua fábrica de cerveza Schlitz y conocido por su buen sonido, apuesta por intérpretes de música acústica e *indie rock*. El pequeño **Martyrs'** (PLANO: ❸ P. 98 **A2**; *martyrslive.com*) abraza toda clase de estilos.

Tomar algo en los bares de Wrigleyville   RUTA DE BARES

De camino al estadio Wrigley Field hay muchos bares; la mayoría están en Clark St, pero no faltan en Addison St y Sheffield Ave.

Nisei Lounge (PLANO: ❹ P. 98 **B4**; *niseiloungechicago.com*), el antro más antiguo de Wrigleyville, sirve alcohol desde 1951; pese a su aspecto descuidado, seduce con billar, gramola, dardos y Malört;

beber un chupito de este licor local con una cerveza Old Style es todo un rito de paso llamado *Chicago handshake,* "apretón de manos de Chicago".

Entre los bares deportivos destaca **Sluggers** (PLANO: ❺ P. 98 **B3**; *sluggersbar.com*), donde los fans de los Cubs se emborrachan ante pantallas gigantes mientras otros practican con el bate en la 2ª planta.

En **Alma** (PLANO: ❻ P. 98 **D2**; *almahotelzachary.com*), elegante coctelería en la 2ª planta del Hotel Zachary, se puede saborear un clásico Manhattan o martini en la terraza que se asoma al campo de béisbol. Al lado, **Mordecai** (PLANO: ❼ P. 98 **D2**; *mordecaichicago.com*) complementa sus cócteles y vistas con una larga carta de *bourbons* poco comunes.

Descubrir la atmósfera de pueblo de Roscoe Village   BARRIO

El pintoresco barrio de Roscoe Village es como una aldea con bonitas casas y pequeños negocios independientes.

En **Transistor** (PLANO: ❽ P. 98 **A4**; *transistorchicago.com*), mitad galería de arte mitad tienda de discos y regalos, se pueden comprar *souvenirs* únicos como un collar hecho con fichas de dominó o una taza con un murciélago dibujado. **The Last Chapter Book Shop** (PLANO: ❾ P. 98 **A4**; *thelastchapterbookshop.com*) se especializa en novela rosa y recuerdos atrevidos.

Se recomienda desayunar en **Loba Pastry + Coffee** (PLANO: ⑩ P. 98 **A3**; *lobapastry.com*), pequeña pastelería nominada al Premio James Beard por su cambiante selección de exquisiteces, desde *muffins* de masa madre con piña hasta bizcochos con mantequilla, caramelo y melocotón. **Kitsch'n on Roscoe** (PLANO: ⑪ P. 98 **A4**; *kitschn.com*), de ambiente *tiki*, sirve una gran variedad de platos de *brunch* y cócteles (desde *bloody Mary* hasta *mimosa*) en un coqueto patio exterior.

Aprovechar la oferta gastronómica de Southport Corridor   ZONA DE OCIO

Entre Roscoe Village y Wrigleyville se extiende Southport Corridor, tramo de 1,5 km en Southport Ave repleto de restaurantes y negocios.

De sur a norte, la primera parada es **Little Goat Diner** (PLANO: ⑫ P. 98 **A4**; *littlegoatchicago.com*), donde Stephanie Izard –ganadora de *Iron Chef Gauntlet*– reinterpreta en clave moderna la comida casera con especialidades de desayuno (servidas todo el día) como gofres con plátano y mantequilla de cacahuete y clásicos del almuerzo y la cena como pollo y *dumplings*.

Cerca, la acogedora cervecería **Corridor Brewery & Provisions** (PLANO: ⑬ P. 98 **A4**; *corridorchicago.com*) elabora distintos tipos de IPA, *lager* y *ale* en las relucientes cubas situadas detrás de la barra y hornea *pizzas* artesanales.

La gente abarrota la pequeña y estrecha **Southport Grocery & Cafe** (PLANO: ⑭ P. 98 **A3**; *southportgrocery.com*) para degustar tortitas con pudin de pan y tortillas con calabaza entre cháchara y repiqueteo de platos.

A escasa distancia, **Steingold's of Chicago** (PLANO: ⑮ P. 98 **A3**; *steingoldsdeli.com*) sirve versiones modernas de tradicionales delicias judías (para comer o para llevar) como *jalá* con pastrami de pavo o crujientes *bagels* con *lox* (salmón ahumado).

 ORÍGENES DE LAKE VIEW

El nombre de esta zona proviene de las vistas al lago Míchigan, pero su historia tiene más miga. En 1854, se inauguró el Hotel Lake View frente a la orilla, justo al sur de la actual Irving Park Rd; en verano, los habitantes de Chicago se refugiaban allí del ruido y la polución. En 1857, el hotel y sus alrededores pasaron a formar el municipio de Lake View, que se incorporó a la ciudad en 1889. A juzgar por lo urbanizada que está hoy Lake View, cuesta imaginar que en los albores fuera conocida como "capital del apio" por el cultivo de dicha planta en su terreno cenagoso.

Lo mejor para...

$ Económico $$ Medio $$$ Alto

Comer

Cerca del Wrigley Field

Small Cheval $

 16 C1

Bullicioso restaurante retro que sirve hamburguesas, batidos, cócteles y cervezas. *11.00-22.00*

Smoke Daddy $$

17 D2

Exquisito cerdo cocinado a fuego lento, cerveza helada y ambiente distendido. *11.00-21.00 lu y ju, hasta 22.00 vi, 10.00-22.00 sa, hasta 21.00 do*

Jeni's $

18 C1

Cadena de heladerías con sabores originales como bizcocho con

Localizaciones en el plano de la **p. 98**

mantequilla y queso de cabra con cerezas rojas. *13.00-22.00 lu-ma, hasta 23.00 mi-do*

Big Star $

19 D2

Tacos de paleta de cerdo asada y tofu picante; abre antes cuando juegan los Cubs. *16.00-22.00 lu-ju, 11.30-23.00 vi, desde 11.00 sa, 11.00-22.00 do*

Jeni's.

EXPLORA

LAKE VIEW Y WRIGLEYVILLE

CATE HUGUELET/LONELY PLANET ©

Locales internacionales

Gundis Kurdish Kitchen $$

20 D6

Hirvientes guisos de carne y verdura en un diáfano comedor con ladrillo a la vista. *16.00-22.00 mi-vi, desde 9.00 sa, 9.00-21.00 do*

Chilam Balam $$

21 D5

Picante comida mexicana moderna en un sótano. Se puede llevar la propia cerveza o vino. Solo efectivo o Venmo. *17.00-21.00 ma-ju, hasta 22.00 vi-sa*

Andy's Thai Kitchen $

22 B6

Auténticas recetas tailandesas muy especiadas como "fideos de barco" y huevo preservado en albahaca; pago en metálico. *11.00-21.30 lu-vi, desde 12.00 sa-do*

Comfort's African Cuisine $$

23 D6

Restaurante informal de gestión familiar que propone corvina a la parrilla, sopa de siluro con chile y otras especialidades nigerianas. *12.00-21.00 ma-sa, hasta 20.00 do*

Propuestas informales

Mia Francesca $$

24 C4

Clásicos platos de pasta en un bistró italiano con mesas muy juntas. *17.00-21.00 lu-ju, 16.00-22.00 vi-sa, hasta 21.00 do*

The Chicago Diner $$

25 C4

Abanderado de la comida vegetariana casera con mesas y bancos corridos de color rojo y estilo *vintage. 11.00-21.00 lu-ju, hasta 22.00 vi, 10.00-22.00 sa, hasta 21.00 do*

Crisp $

26 D6

Pollo frito coreano y boles de verduras en un espacio colorido con mesas de pícnic y música a todo trapo. *11.30-21.00 ma-do*

Clark Street Dog $

27 C5

Modesto establecimiento con perritos calientes, sándwiches italianos de ternera o patatas fritas con queso, chile y carne. *11.00-24.00 do-ju, hasta 2.00 vi-sa*

Locales íntimos y románticos

mfk $$$

28 D6

Cocina española y cócteles en una romántica salita que evoca el litoral ibérico. *17.00-21.30 ma-sa, 16.00-20.30 do*

Dear Margaret $$$

29 A6

Gastronomía francocanadiense a base de cerdo, pescado de lago y quesos fuertes en un sitio que recuerda la casa de la abuela. *17.00-22.00 mi-sa, hasta 21.00 do*

Farm Bar Lakeview $$

30 A5

Comida casera con ingredientes de km 0 en una bella residencia rodeada de domicilios particulares. *16.00-21.00 lu-mi, hasta 22.00 ju, 11.00-22.00 vi, desde 10.00 sa, 10.00-21.00 do*

Tango Sur $$$

31 A2

Idílico asador argentino para una cita a la luz de las velas. *17.00-22.30 lu-ju, hasta 23.30 vi, 15.00-23.30 sa, 12.00-22.30 do*

Beber

'Pubs' y antros

Ten Cat Tavern
 A2

Bar popular por el billar, el arte y la cerveza servida junto a la chimenea (en invierno) o al aire libre (en verano). *16.00-2.00 lu-vi, 14.00-3.00 sa, 15.00-2.00 do*

Duke of Perth
33 D6

Acogedor y tranquilo *pub* con cervezas británicas, *whiskeys* escoceses y *fish and chips* (bufé libre mi y vi). *17.00-24.00 ma-ju, 16.00-1.00 vi, desde 12.00 sa, 12.00-24.00 do*

L&L Tavern
 C5

Taberna con una iluminación tenue, un personal adusto y una económica selección de cervezas y *whiskeys;* pago en efectivo. *17.00-2.00 lu-ju, desde 16.00 vi, 16.00-3.00 sa, hasta 24.00 do*

Comprar

Artículos 'vintage' y de segunda mano

Brown Elephant
35 A5

Negocio de reventa con una oferta estelar de libros, muebles de época y utensilios de cocina que financia centros médicos para el colectivo LGTBIQ+. *11.00-19.00*

Out of the Closet
36 C4

Excelente tienda de segunda mano que destina sus ganancias a la AIDS Healthcare Foundation. *10.00-19.00 lu-sa, hasta 18.00 do*

Beatnix
 C4

Comercio *vintage* frecuentado por *drags* con dos plantas llenas de prendas, disfraces, pelucas, joyas y zapatos cursis. *12.00-23.00 lu-ju, 10.00-24.00 sa, desde 12.00 do*

Equipamiento deportivo

Cubs Store
38 D1

Tienda oficial de los Cubs, con gorras, camisetas, chaquetas, vasos de chupito, juguetes y otros artículos que lucen su logotipo. *10.00-19.00*

Wrigleyville Sports
39 B3

Histórico negocio familiar con una estupenda colección de ropa y *souvenirs* oficiales de los equipos de Chicago. *9.00-21.00 lu-sa, 10.00-19.00 do*

Obvious Shirts
40 A2

Camisetas sencillas con ocurrentes textos en negrita sobre fondo monocolor, incluyendo alusiones a las formaciones deportivas locales. *11.00-17.00 lu-sa*

Sports World
41 B3

Montones de camisetas y gorras de los Cubs junto a productos de los Bears y los Bulls. *10.00-18.00 lu-sa, hasta 16.00 do*

Sugerencias de lugares para comer, beber y comprar en **p. 112**

Explora
Wicker Park, Bucktown y Ukrainian Village

Estas zonas, que en el pasado acogieron a emigrantes de Europa central y oriental, se han dinamizado con galerías de arte y restaurantes de moda, si bien quedan antros clásicos en muchas callejuelas. Pese a la escasez de puntos de interés convencionales, se puede pasar el día curioseando en tiendas y galerías, y la noche comiendo, bebiendo y escuchando música en directo. Wicker Park, el corazón comercial, está flanqueado por Bucktown (barrio algo más sofisticado) y Ukrainian Village (algo más degradado). Las arterias principales son Milwaukee Ave, North Ave y Damen Ave, pero también cabe citar Division St, apodada "Polish Broadway" por su herencia polaca.

Cómo desplazarse

Metro (L)
La línea azul es la mejor para llegar a esta zona: la estación de Damen da acceso a Bucktown y el norte de Wicker Park; la de Division, al sur de Wicker Park; y la de Chicago, a Ukrainian Village.

Autobús
El n° 72 circula por North Ave; el n° 70, por Division St; el n° 66, por Chicago Ave; y el n° 50, por Damen Ave.

Bicicleta
Hay estaciones del sistema de bicicletas compartidas Divvy en Chicago Ave, Division St, Damen Ave y calles secundarias.

Wicker Park (p. 108).
JAMES ANDREWS1/SHUTTERSTOCK ©

LO MEJOR

ARTE CALLEJERO
West Town (p. 110)

PASEO
The 606 (p. 110)

ARTE MARGINAL
Intuit (p. 110)

CULTURA POLACA
Polish Museum of America (p. 110)

LEGADO UCRANIANO
Ukrainian Village (p. 111)

Más información

Experiencias p. 110
Comer p. 112
Beber p. 113
Comprar p. 114

0 — 1 km

The 606

Brazo norte del río Chicago

LINCOLN PARK

Clybourn (Metra)

BUCKTOWN

Churchill Field Park

Small Cheval

Holstein Park

WICKER PARK

Wicker Park

W Fullerton Ave
W Medill Ave
W Belden Ave
W Lyndale Ave
W Palmer St
N Western Ave
N Oakley Ave
W Armitage Ave
N Wilmot Ave
W Milwaukee Ave
N Claremont Ave
W Le Moyne St
W Hirsch St

N Leavitt St
N Bell Ave
W Wabansia Ave
N Oakley Ave
W Pierce Ave
W North Ave
N Hoyne Ave
W Schiller St
W Pierce Ave

Western
Damen

W North Ave
Wicker Park

N Ashland Ave
John F. Kennedy Expwy
N Elston Ave
N Clybourn Ave
N Maud Ave
N Marcey St
N Kingsbury St
W Cortland St
W Armitage Ave
N Sheffield Ave
N Bissell St
Armitage

North/Clybourn

N North Ave
W Webster Ave
W Shakespeare Ave
W Dickens Ave
W McLean Ave
N Damen Ave
W Homer St
W Cortland St
W Moffat St
W Churchill St
W Bloomingdale Ave
W Wabansia Ave
N Paulina St
N Hermitage Ave
N Wood St
N Honore St
N Wolcott Ave
N Winchester Ave

W Pierce Ave
W Le Moyne St
N Julian St
N Beach Ave
N Blackhawk St
N Greenview Ave
N Bosworth Ave
W Pearson St
N Ada St
W Elston Ave
N Magnolia Ave
N North Ave
W Cortland St
N Wilmot Ave

106

Isla
Goose

N Elston Ave

N Ogden Ave

N Milwaukee Ave

RIVER
WEST

Grand

6

W Hubbard St

*Murales de
Hubbard Street*

W Hubbard St

N May St

W Kinzie St

WEST
SIDE

38 **2**

94 **90**

W Kinzie St

N Ogden Ave

*Intuit: The Center for
Intuitive & Outsider Art*

Chicago

3 *Polish Museum
of America*

John F Kennedy Expwy

Elkhart
Park

W Cortez St

W Division St

W Augusta Blvd

W Walton St

W Chestnut St

W Chicago Ave

W Fry St

W Huron St

W Ohio St

W Grand Ave

N Ashland Ave

Titan Walls **7**

35 **7**

N Cleaver St

N Division St

NOBLE
SQUARE

N Noble St

42

N Ashland Ave

N Marshfield Ave

N Paulina St

23

N Milwaukee Ave

Division **17**

47 **55**

26

W Haddon St

W Cortez St

N Paulina St

N Hermitage Ave

33

N Wood St

EAST
VILLAGE

W Superior St

W Erie St

W Race Ave

52

W Kinzie St

W Carroll Ave

N Wolcott Ave

N Winchester Ave

29

N Damen Ave

W Iowa St

40 **41**

W Evergreen Ave

W Potomac Ave

W Crystal St

54

W Haddon Ave

W Thomas St

W Cortez St

UKRAINIAN
VILLAGE

W Augusta Blvd

W Chicago Ave

22

N Hoyne Ave

14

W Ferdinand St

W Hubbard St

37

20 **53** **34**

W Division St

1 *Catedral ortodoxa de
la Santísima Trinidad*

W Thomas St

N Leavitt St

W Grand Ave

Old Lviv
10

*Iglesia de
San Vladimiro
y Santa Olga*

W Chicago Ave

11 **9**

*Tryzub
Ukrainian Kitchen*

8 *Ukrainian National
Museum*

N Oakley Blvd

W Superior St

N Western Ave

31

SMITH
PARK

N Western Ave

107

Wicker Park

A finales del s. XIX llegó gente de Europa central y oriental que se dedicaron a producir cerveza en fábricas que aparecieron por doquier. Al vender grandes cantidades a buen precio, se enriquecieron hasta el punto de edificar las mansiones de Hoyne Ave, apodada Beer Barons Row.

INICIO	FINAL	DURACIÓN
Wicker Park	Piece	1,2 km; 30 min

EXPLORA

WICKER PARK, BUCKTOWN Y UKRAINIAN VILLAGE

N Milwaukee Ave
N Damen Ave
N Winchester Ave
N Wolcott Ave

64

W North Ave

Damen Ⓜ

N Elk Gve Ave

5

6 ✕ **8** **7**

FINAL

4

N Milwaukee Ave

W Pierce Ave

N Leavitt St

N Hoyne Ave

WICKER PARK

N Wicker Park Ave

N Honore St

W Le Moyne St

1 INICIO

3 **2**

W Schiller St

N Damen Ave

W Evergreen Ave

N 0 ──────── 200 m

1 Parque homónimo

Se comienza a explorar el barrio por el **Wicker Park,** espacio verde que le da nombre; se bautizó así en honor a los hermanos Charles y Joel Wicker, constructores que adquirieron el terreno en la década de 1870. Hoy, acoge jardines ornamentales, campos de sóftbol y un popular recinto para perros.

2 Historia trágica

Toca encaminarse al oeste por Schiller St y virar al norte por Hoyne Ave para alcanzar el **nº 1407,** donde se emplaza la enorme residencia de estilo Segundo Imperio construida para el comerciante de cerveza John Raap; tras ser asesinado, su esposa siguió viviendo aquí y acabó enloqueciendo.

3 Hogar republicano

La casa de ladrillo rojo al otro lado de la calle (**nº 1406**) perteneció a William Hale Thompson, último alcalde republicano de Chicago desde la década de 1920.

4 Jardín con cañón

Más adelante, en el **nº 1558,** se puede admirar un cañón en el otrora jardín privado de Herman Plautz, otro magnate de la cerveza cuya mansión fue sede de la Legión Estadounidense; también llaman la atención las molduras decorativas de metal prensado que luce esta joya color mostaza de estilo Reina Ana.

5 Rascacielos aullador

Al girar al este por North Ave se avistará la Northwest Tower, estructura *art déco* apodada Coyote Building porque su puntiaguda aguja recuerda el hocico de un coyote al aullar; actualmente, acoge el moderno hotel **The Robey.**

6 Arte y arquitectura

Pasada la encrucijada aguarda el **Flat Iron Building,** levantado en 1918 y convertido en colonia de artistas en la década de 1960 (aún alberga varios estudios).

7 Legado mafioso

Siguiendo por North Ave se llega al **nº 1921,** donde el 8 de enero de 1929 mataron a tiros al compinche de Al Capone Patsy Lolordo, suceso que desencadenó la matanza del Día de San Valentín.

8 'Pizza' y cerveza

Justo al lado se halla **Piece,** excelente cervecería artesanal conocida también por sus *pizzas* de corteza fina al estilo de New Haven.

Contemplar la alucinante catedral ortodoxa rusa
IGLESIA

PLANO: **1** P. 106 **B5**

La **catedral ortodoxa de la Santísima Trinidad** (*holytrinitycathedral.net*) parece llegada directamente de la campiña rusa, pero fue Louis Sullivan, afamado arquitecto de la Escuela de Chicago, quien proyectó esta maravilla en 1903. El zar Nicolás II cofinanció el templo, designado monumento municipal. El personal de la iglesia ofrece circuitos por su dorado interior un sábado al mes o previa cita.

Admirar arte marginal en Intuit
GALERÍA

PLANO: **2** P. 106 **F7**

Pinturas exquisitas, esculturas realizadas con objetos encontrados y vívidos dibujos a pluma y tinta conforman la colección de **Intuit: The Center for Intuitive & Outsider Art** (*art.org*), pequeño museo centrado en la obra de artistas autodidactas; la mayoría ha superado barreras sociales, económicas o geográficas, de ahí el término "arte marginal". La exposición más fascinante recrea el estudio del escritor e ilustrador local Henry Darger, incluyendo ovillos, pilas de revistas viejas, una primitiva máquina de escribir y un fonógrafo Victrola.

Aprender historia en el Polish Museum of America
MUSEO

PLANO: **3** P. 106 **E6**

El **Polish Museum of America** (*polishmuseumofamerica.org,*

adultos/niños 10/8,50 US$) permite hacerse una idea de la cultura de Polonia, desde Casimir Pulaski hasta el *pierogi*. Fundado en 1935, es uno de los museos etnográficos más antiguos del país, una mirada a la historia de la comunidad polaca que ayudó a forjar Chicago.

Andar o pedalear por The 606
PASEO

The 606 (PLANO: **4** P. 106 **C3**; *the606. org*), que toma su nombre del prefijo del código postal de Chicago, es un sendero elevado que sigue una antigua vía férrea adornada ahora con árboles, flores, bancos y obras de arte. Se extiende 4,3 km en paralelo a Bloomingdale Ave, con la punta este en Ashland Ave (en el Walsh Park) y la oeste en Ridgeway Ave (en el Logan Square/Humboldt Park); hay accesos cada 400 m, lo que facilita recorrer el tramo que uno desee. A pie de calle, hay bares y restaurantes.

Quien prefiera pedalear tiene prácticas estaciones del sistema de bicicletas compartidas Divvy a disposición en Ashland Ave, junto al extremo oriental de la senda, y en Milwaukee Ave, cerca de **Small Cheval** (PLANO: **5** P. 106 **B3**; *smallcheval.com*), alegre puestecito de hamburguesas, patatas fritas, batidos y cervezas.

Descubrir a artistas emergentes en West Town
GALERÍAS

West Town se ha vuelto el distrito artístico más interesante de Chicago: cuando los galeristas ya no podían permitirse estar en West Loop, se trasladaron al área situada entre Hubbard St y Chicago Ave.

Antes de visitar las galerías bajo techo, es buena idea ver una al aire libre: los **murales de Hubbard Street** (PLANO: 6 P. 106 **F8**) o "proyecto B_Line" embellecen el exterior de la estructura que eleva la vía férrea en Hubbard St a lo largo de 1,5 km. La mayoría de las pinturas está entre Peoria St y Ogden Ave, donde se interrumpen hasta reaparecer junto a District Brew Yards (p. 114; *districtbrewyards.com)*; esta cervecería acoge el **Titan Walls** (PLANO: 7 P. 106 **D8**; *titanwalls.muros.com*), festival de murales que atrae a artistas internacionales durante cinco días de agosto.

En Chicago Ave abundan las galerías, que surgen pocas manzanas al este de Ashland Ave y se suceden durante casi 1 km al oeste.

Familiarizarse con la cultura ucraniana en Ukrainian Village

ÁREA

Chicago tiene una de las mayores poblaciones ucranianas de EE UU, la cual se concentra en Ukrainian Village. El **Ukrainian National Museum** (PLANO: 8 P. 106 **A7**; *ukraini annationalmuseum.org, 5 US$*) narra su trasfondo cultural e histórico frente a la **iglesia greco-católica ucraniana de San Vladimiro y Santa Olga** (PLANO: 9 P. 106 **A7**; *stsvo. org*), que destaca por sus cinco cúpulas doradas.

LAS MEJORES CALLES PARA DEAMBULAR

Milwaukee Avenue
Negocios de discos, libros y artículos *vintage* junto a cuantiosos restaurantes.

Division Street
Bistrós y cafeterías de moda con asientos de sobras en la acera, así como algunos antros históricos.

Western Avenue
Oferta variada que abarca heladerías, clubs de *rock,* cafeterías, locales de tatuajes y restaurantes costosos.

Chicago Avenue
Emergentes galerías de arte en el extremo este que dan paso a restaurantes y comercios ucranianos hacia el oeste.

Damen Avenue
Tiendas de populares marcas europeas y americanas junto a proveedores de cannabis y lujosas *boutiques* de moda.

Una adecuada inmersión cultural requiere probar la comida ucraniana; **Old Lviv** (PLANO: 10 P. 106 **A7**) sirve *dumplings,* col rellena, chuletas de cerdo, *borsch* y otras especialidades a modo de bufé, mientras que **Tryzub Ukrainian Kitchen** (PLANO: 11 P. 106 **B7**; *tryzubchicago.com*) opta por platos tradicionales con un toque moderno acompañados de licores y cócteles artesanales.

Localizaciones en el plano de la **p. 106**

SUGERENCIAS

Lo mejor para...

ⓢ Económico ⓢⓢ Medio ⓢⓢⓢ Alto

Comer

Vegetarianos y veganos

Handlebar ⓢ
 A4

Punto de encuentro de mensajeros en bici, con platos a base de verdura o pescado y cervezas en un fantástico patio trasero. *10.00-24.00 lu-vi, desde 9.00 sa-do*

Bloom Plant Based Kitchen ⓢⓢ
13 C4

Innovadoras propuestas veganas como ñoquis de yuca y pasteles de flor de plátano. *17.00-21.00 lu-ju, 11.30-15.00 y 17.00-22.00 vi-sa, 11.00-15.00 y 17.00-20.30 do*

Liberation Kitchen ⓢ
14 B8

Pequeño restaurante vegano de Upton's Naturals que ofrece dónuts, sándwiches italianos de "ternera" y más alternativas a la carne. *11.30-19.00 mi-vi, 9.00-18.00 sa-do*

Comida económica

Devil Dawgs ⓢ
15 C4

Local cubierto de murales donde preparan perritos calientes al estilo de Chicago, incluida una versión vegana. *11.00-21.00 do-ju, hasta 22.00 vi-sa*

Sultan's Market ⓢ
16 B4

Especialidades de Oriente Medio como falafel, pastel de espinacas y *shawarma* de pollo o cordero. *10.00-22.00 lu-sa, hasta 21.00 do*

La Pasadita ⓢ
 D5

Gigantescos tacos y burritos con sabrosa carne asada que atraen a *hipsters* y familias latinas. *10.00-1.00 do-ju, hasta 3.00 vi-sa*

Big Star ⓢ
18 B4

Gasolinera transformada en un animado bar *honky-tonk* con patio donde sirven tacos y *whiskey*. *11.30-22.00 lu-vi, 11.00-23.00 sa, hasta 22.00 do*

'Pizza' y pasta

Piece ⓢⓢ
19 C4

Espaciosa cervecería artesanal conocida por sus *pizzas* de corteza fina al estilo de New Haven que bajan de maravilla con sus galardonadas birras. *11.00-22.00*

Enoteca Roma ⓢⓢ
20 B5

Rústico restaurante italiano de gestión familiar cuya pasta hecha a mano se aprecia mejor en el patio trasero al aire libre. *16.00-21.30 mi-ju, hasta 22.30 vi-sa, hasta 21.00 do*

Dimo's Pizza ⓢ
21 B4

Pizzería abierta hasta la madrugada con cervezas y porciones de corteza fina e ingredientes habituales o más originales. *11.00-1.00 do-mi, hasta 2.00 ju, hasta 3.00 vi, hasta 4.00 sa*

Comida internacional

Lao Peng You ⓢⓢ
22 B7

Restaurante popular por sus deliciosos *dumplings* y fideos chinos; no admite reservas ni tiene servicio de mesa y el alcohol se trae de fuera. *11.00-21.00 ju-do*

Uncle Mike's Place

 C8

Fabuloso local de desayunos filipino donde obreros, veinteañeros y ancianos se atiborran de gachas de arroz, *spam* y longaniza. *6.00-14.00*

Irazu

24 A3

Tacos, empanadas, burritos y gallo pinto (arroz con frijoles) en el único restaurante costarricense de Chicago, de ambiente playero. *11.00-21.00 mi-sa*

Para glotones

Chef's Special Cocktail Bar

25 A1

Ambiente retro, cócteles geniales y platos sino-estadounidenses aún mejores si cabe. *17.00-24.00 lu-sa, hasta 22.00 do*

Tortello

26 C5

Hogareño y coqueto restaurante donde elaboran pasta fresca ante la clientela. *16.30-21.00 lu-ma, desde 11.30 mi-do*

Mott St

27 D4

Comida de fusión asiática y americana con la animación propia de un puesto callejero. *17.00-21.00 lu-ju, hasta 22.00 vi, 10.00-14.00 y 16.30-22.00 sa, hasta 21.00 do*

Para darse un homenaje

Schwa

28 D4

Íntimo restaurante con estrella Michelin con un menú de degustación de 12 platos que redefine la comida casera estadounidense (el alcohol se trae de fuera). *17.30-21.00 ma-sa*

Kasama

29 C6

Pastelería filipina que de noche propone un moderno menú de degustación de 13 platos (reserva obligatoria). *Pastelería 9.00-15.00 mi-do, cena ju-do*

Le Bouchon

30 B2

Veterano bistró francés que sirve bullabesa, filete con patatas, *cassoulet* con pato y otros clásicos galos. *11.30-14.30 y 17.00-22.00 lu-ju, hasta 23.00 vi-sa*

Boeufhaus

31 A6

Acogedor asador de estilo europeo con carne de origen sostenible; hay que probar los *beignets* de tira de costilla. *15.30-21.00 do, hasta 22.00 lu y mi, 11.00-23.00 vi-sa*

Beber

Locales animados

Map Room

32 B2

Taberna para viajeros bohemios con globos terráqueos y banderas como decoración que sirve café de día y 200 tipos de cerveza de noche. *7.30-2.00 lu-vi, desde 8.30 sa, desde 11.00 do*

Forbidden Root

33 C7

Cervecería artesanal que usa raíces, especias, frutas y flores para crear eclécticas variedades "botánicas" en un espacio entre rústico e industrial. *12.00-22.00 lu-ju, hasta 23.00 vi-sa, hasta 21.00 do*

Le Midi

34 B5

Agradable bar y tienda de vinos con un toque europeo que escancia tintos, blancos y espumosos acompañados de quesos y tapas. *12.00-22.00 ma-ju, hasta 23.00 vi-sa, hasta 19.00 do*

District Brew Yards

 35 D8

Establecimiento industrial con cervezas de pequeños productores. *15.00-22.00 ma-ju, 12.00-23.00 vi-sa, hasta 21.00 do*

Coctelerías

The Violet Hour

 36 B4

Estudiados cócteles de temporada ganadores del Premio James Beard en un local camuflado (nº 1520) con asientos de respaldo alto, lámparas de araña y cortinas de terciopelo. *17.00-1.00*

Queen Mary

 37 B5

Cócteles a base de ginebra y ron que se inspiran en bebidas de la tradición náutica británica –como *old fashioned* fuerte, *grog* y ponche con té– junto con cerveza y vino fortificado. *17.00-1.00 lu-ju, desde 15.00 vi-do*

Matchbox

 38 F7

Bar pequeño como una caja de cerillas (de ahí el nombre) donde triunfan el *pisco sour* y el *ginger gimlet;* con una docena de taburetes, casi siempre toca estar de pie. *15.00-2.00*

Antros

Lottie's Pub

 39 C3

Pub con barra de caoba y mesas desgastadas que aparece como Molly's en las series *Chicago P.D.* y *Chicago Fire. 11.00-2.00 do-vi, hasta 3.00 sa*

The Inner Town Pub

 40 B6

Encantador bar clandestino de la década de 1920 donde muchos lugareños juegan al billar y beben tragos económicos observados por una cabeza de alce con lucecitas y una estatua de Elvis de tamaño natural. *17.00-2.00 lu-vi, 15.00-3.00 sa, hasta 1.00 do*

Ola's Liquors

 41 B6

Slashie (mezcla de bar y licorería) al que acuden de buena mañana trabajadores nocturnos y trasnochadores; hay que pedir *zimne piwo* ("cerveza fría" en polaco). *7.00-2.00 lu-sa, desde 11.00 do*

Chipp Inn

 42 D6

Auténtico antro de 1897 con billar, barra de madera, techo de hojalata y cerveza barata, ideal para pedir unas cuantas rondas. *13.00-2.00*

Comprar

Moda

Transit Tees

43 C4

Souvenirs con estilo de factura local como letreros de calles, tazas, pósteres y camisetas. *11.00-19.00 lu-vi, desde 10.00 sa-do*

T-Shirt Deli

44 B3

Camisetas estampadas con diseños retro que se entregan envueltas en papel de carnicería con una ración de patatas fritas. *11.00-18.00 lu-vi, 12.00-17.00 sa, hasta 16.00 do*

John Fluevog Shoes

45 C4

Amplia zapatería para amantes del calzado moderno con atrevidos y coloridos modelos de un excéntrico diseñador canadiense. *11.00-19.00 lu-sa, 12.00-18.00 do*

Moth

46 B2

Arte, ropa, tejidos y artículos para el hogar de bello diseño escandinavo y japonés difíciles de encontrar. *11.00-18.00 mi-sa*

Artículos 'vintage'

Bodega Vintage

 D5

Americanas estampadas, abrigos de piel sintética y sombreros de leopardo que cambian cada pocas semanas. *12.00-20.00 lu y mi-vi, desde 11.00 sa-do*

Ragstock

48 C4

Inmensa tienda de una cadena del Medio Oeste que vende desde pantalones de campana hasta camisetas militares y vestidos de novia; en el sótano hay productos en liquidación. *11.00-19.00 lu-mi, hasta 20.00 ju-sa, 12.00-19.00 do*

Store B Vintage

49 C4

Cuidada selección de guantes de cuero, copas de cristal, bolsos dorados y más artículos de calidad. *12.00-18.00 lu-vi, desde 11.00 sa, 12.00-17.00 do*

Una Mae's

50 C4

Buen lugar para comprar sombreros pillbox, chaquetas pata de gallo, artículos *vintage,* modernas prendas de diseño y accesorios para hombre y mujer. *12.00-18.00 do-mi, hasta 19.00 ju-sa*

Antigüedades y artesanías

Virtu

51 B2

Maravillosas piezas hechas a mano, como tejidos, ropa, cerámica, menaje, joyas y material de papelería. *11.00-18.00 ma-sa, hasta 17.00 do*

Salvage One

52 C8

Enorme tienda de piezas arquitectónicas recuperadas ideal para curiosear. *12.00-17.00 ju, desde 11.00 vi y do, desde 9.00 sa*

One Strange Bird

53 B5

Selección única de joyas, ropa de bebé, libros, juegos y regalos, además de actividades como creación de terrarios y degustación de tequilas. *11.00-18.00 lu-vi, desde 10.00 sa, 11.00-17.00 do*

Velvet Goldmine

54 B5

"Mina de oro" repleta de asequibles muebles *mid-century modern* que cambian cada semana. *11.00-19.00 sa-do*

Libros

Wicker Park Secret Agent Supply Co

55 D5

Creativos libros infantiles junto con bigotes postizos, bolis de tinta invisible y otros chismes para espías. *11.30-17.30 ma-sa*

Volumes Bookcafe

56 C4

Perfecto ejemplo de librería independiente que apoya a escritores locales en ciernes y acoge clubes de lectura, sesiones de micrófono abierto, actuaciones cómicas, concursos y narraciones de cuentos. *10.00-18.00*

Myopic Books

57 B4

Una de las librerías de segunda mano más grandes y antiguas de Chicago, con 60 000 tomos amontonados en estantes de madera que llenan tres plantas. *12.00-20.00*

Quimby's

58 C4

Referente de la literatura clandestina que se especializa en publicaciones inusuales, desde manifiestos punk-*rock* pintados con crayones hasta novelas gráficas editadas con astucia. *12.00-18.00 ju-lu*

Sugerencias de lugares para comer, beber y comprar en **p. 123**

Explora
West Loop y Near West Side

La industria alimentaria siempre ha sido clave en esta zona: los edificios de ladrillo rojo donde antes había mercados mayoristas y almacenes de procesamiento de carne (Carl Sandburg, escritor galardonado tres veces con el Pulitzer, llamó a Chicago "el matadero mundial" en un poema de 1914) acogen ahora establecimientos de chefs famosos, coctelerías de moda y lujosos áticos; así pues, las escenas de *La jungla,* de Upton Sinclair, han dado paso a las estrellas Micherlin. Algunos de los mejores bares y restaurantes de la ciudad se hallan en Fulton St y Randolph St, calles de visita obligada para descubrir la oferta gastronómica.

Cómo desplazarse

 **Metro (L)**
Las estaciones de Morgan y Clinton (líneas verde y rosa) dan acceso a West Loop, mientras que la de UIC-Halsted (azul) queda cerca del Jane Addams Hull-House Museum.

 A pie
West Loop se presta a caminar, incluida la zona de Restaurant Row formada por Fulton St y Randolph St.

 **Autobús**
Este medio permite llegar más lejos; el nº 8 circula por Halsted St.

 **Bicicleta**
Hay muchas estaciones del sistema de bicicletas compartidas Divvy, especialmente útiles para explorar al oeste de Ashland Ave.

Fulton St (p. 120).
PAGE LIGHT STUDIOS/SHUTTERSTOCK ©

LO MEJOR

MUSEO
Jane Addams Hull-House Museum (p. 122)

CERVECERÍA
Cruz Blanca (p. 121)

COCTELERÍA
The Aviary (p. 125)

ARTE INMERSIVO
WNDR Museum (p. 122)

RESTAURANTE TRIESTRELLADO
Smyth (p. 123)

A
B
C
D

1

W Fulton St

W Fulton Market

N Justine St

N Ogden Ave

Ashland

W Lake St

7

N Racine Ave

N May St

33

10

W Randolph St

34

32

N Ashland Ave

Union Park

W Washington Blvd

2

W Madison St

N Ogden Ave

S Loomis St

W Monroe St

S Racine Ave

S Aberdeen St

3

29

S Laflin St

Skinner Park

S Throop St

WNDR Museum

W Adams St

W Jackson Blvd

W Van Buren St

4

290

Dwight D Eisenhower Expwy

Racine

290

Dwight D Eisenhower Expwy

S Ashland Ave

W Harrison St

5

W Vernon Park Pl

25

Más información

Experiencias p. 122
Comer p. 123
Beber p. 125
Comprar p. 125

Arrigo Park

S Loomis St

S Racine Ave

LITTLE
ITALY

24

6

N 0   500 m

W Taylor St

23

22

A
B
C
D

E
F
G
H

12
4
30 **8** **13**
27
16

WEST
LOOP

Morgan

31

Clinton

1

W Fulton St

W Lake St

15

11

W Randolph St

9
26

N Carpenter St

N Sangamon St

N Peoria St

N Green St

N Halsted St

Chicago-Ogilvie
Transportation
Center (Metra)

2

5

W Washington St

W Madison St

14

W Madison St

Parada de Ogilvie/Union
de Chicago Water Taxi

W Madison St

Brazo sur
del río Chicago

3

S Morgan St

Dan Ryan Expwy

W Monroe St

S Desplaines St

S Jefferson St

S Clinton St

S Canal St

W Adams St

Chicago-Union
Station (Metra)

Mary
Bartelme
Park

21
20

GREEKTOWN

W Jackson Blvd

17

Parada de
la Willis Tower
de Shoreline
Water Taxis

19
18

28

S Peoria St

S Halsted St

W Van Buren St

4

6

Clinton

UIC-Halsted

Clinton

W Harrison St

S Jefferson St

S Clinton St

W Harrison St

5

Jane Addams
Hull-House Museum **1**

Universidad
de Illinois
en Chicago

S Morgan St

S Halsted St

S Desplaines St

35

W Polk St

W Cabrini St

6

55

W Taylor St

2

Pillar of Fire

E
F
G
H

CIRCUITO A PIE

West Loop

Esta zona está repleta de cervecerías y destilerías excelentes, muchas a escasa distancia entre sí a pie o en patinete eléctrico; se aconseja beber de forma responsable y, por lo tanto, no acudir a todos los locales aquí incluidos el mismo día (en la mayoría también sirven comida).

INICIO	FINAL	DURACIÓN
CH Distillery	Rhine Hall Distillery	4,1 km; +3 h

❶ Oferta exclusiva

Tras el ventanal de la elegante **CH Distillery,** en la parte este de Randolph St, aguardan cubas plateadas que reflejan una luz azul. Esta destilería produce el único vodka ecológico a base de trigo de Illinois, así como *aquavit, amaro,* licor de café y Malört, conocido por su inusual sabor.

❷ Sangre, sudor y cerveza

Al oeste por la misma calle se alcanza **Haymarket Pub & Brewery,** modesto pero animado local cuya clientela trasiega cervezas belgas y alemanas entre barriles decorativos. La cervecería toma su nombre de la cercana Haymarket Sq, escenario de una histórica revuelta de obreros en 1886.

❸ Una cerveza, por favor

Más al oeste, en Randolph St, **Cruz Blanca** teletransporta a México con una docena de cervezas de barril, cócteles cargados de tequila y comida típica del país vecino.

❹ Guinness y más

Unas cuantas manzanas al norte, **Guinness Open Gate Brewery** sirve la cerveza negra procedente en Irlanda junto con variedades de Chicago como la Corn Maze Cream Ale elaborada con maíz de Illinois.

❺ Raíces germanas

Para ahorrarse el paseo de 1,5 km al oeste, se puede ir en patinete eléctrico a **Great Central Brewing Co,** enorme local con las típicas mesas alargadas de las cervecerías alemanas donde siguen a rajatabla la Reinheitsgebot ("ley de pureza") bávara, que solo permite cuatro ingredientes en la producción de cerveza: agua, cebada, lúpulo y levadura.

❻ Pionera de la cerveza artesanal

En 1988 se inauguró **Goose Island Taproom,** primera cervecería artesanal de Chicago; aunque técnicamente dejó de serlo tras su adquisición por parte de Anheuser-Busch, aún funciona como tal elaborando lotes pequeños en su moderno espacio industrial de Fulton St.

❼ Colofón

La ruta termina más adelante en **Rhine Hall Distillery,** atractivo establecimiento donde padre e hija producen brandis a base manzanas, cerezas, ciruelas y otras frutas provenientes de la región de los Grandes Lagos.

EXPERIENCIAS

Ahondar en la historia local MUSEO

PLANO: **1** P. 118 **F5**

En el confín del campus de la Universidad de Illinois en Chicago, el gratuito **Jane Addams Hull-House Museum** (*hullhousemuseum. org*) sobrevive contra todo pronóstico para atestiguar con orgullo la importancia pasada del barrio en el ámbito de la justicia social. Fundada en 1889 por Jane Addams y Ellen Gates Starr, dos mujeres blancas de clase media de Illinois, esta antigua "casa de asentamiento" ayudó a muchos inmigrantes a prosperar en Chicago; de hecho, fue una de las primeras de EE UU y sirvió de modelo para otras en todo el país.

La comunidad experimental de Hull-House, constituida por trabajadores pobres que se deslomaban en fábricas de carne y otros talleres, tuvo acceso a servicios impensables en aquella época como baños públicos, programas artísticos, asistencia en materia de empleo, cursos de inglés, guarderías y parques infantiles.

Actualmente, la casa es sede de un museo de historia que narra los éxitos de tales iniciativas sociales y anécdotas sobre el complejo y sus fundadoras a través de muestras y artefactos fascinantes.

EL GRAN INCENDIO

Chicago cambió para siempre el 8 de octubre de 1871; según la leyenda, la vaca de una tal señora O'Leary derribó un farol encendido que prendió fuego a una pila de heno; las llamas consumieron luego la madera y se propagaron por toda la ciudad.

De poco sirvió el primitivo equipo de extinción tirado por caballos: el incendio, que duró tres días, mató a 300 personas y destruyó 18 000 edificios en un radio de 8 km². En el punto donde se originó se alza la escultura de bronce de 10 m **'Pillar of Fire'** (PLANO: **2** P. 118 **G6**) del artista local Egon Weiner; resulta apropiado que enfrente esté la Robert J Quinn Fire Academy, donde se forman los bomberos.

Visitar el "museo de las maravillas" GALERÍA

PLANO: **3** P. 118 **D3**

Mediante una fusión de arte y tecnología, el **WNDR Museum** (*wndrmuseum.com; adultos/niños desde 32/22 US$*) promueve una experiencia participativa. Aunque atrae a quienes buscan presumir en Instagram, este museo interactivo también acoge obras de artistas renombrados como *Dots Obsession* de Yayoi Kusama: la instalación, expuesta por primera vez en EE UU, consiste en una "sala de espejos del infinito" donde cuelgan esferas amarillas con lunares negros. La entrada al WNDR es cara, pero se aplica un pequeño descuento entre semana a partir de las 17.00.

Lo mejor para...

$** Económico **$$** Medio **$$$ Alto

Comer

Zonas de restauración

Time Out Market $

 E1

Cambiante oferta culinaria a cargo de la revista *Time Out* en 18 puestos y tres bares. *8.00-22.00 lu-vi, desde 9.00 sa, 9.00-21.00 do*

French Market $

5 H2

Comida de Francia y muchos otros lugares en una veintena de puestos que preparan patatas fritas belgas, pasteles de carne australianos, boles de *poke* hawaiana, empanadas, etc. *7.00-19.00 lu-vi, 9.00-16.00 sa*

From Here On $

6 H4

Filiales de representativos restaurantes *fast casual* de barrio en un precioso edificio *art déco* de 1921 que fue sede de la oficina de correos. *7.00-15.00 lu y vi, hasta 19.00 ma-ju*

Para darse un homenaje

Smyth $$$

7 C1

Restaurante con tres estrellas Michelin (muy pocos logran tal honor) que innova con mariscos, platos de temporada y dulces ejecutados a la perfección. *17.00-21.00 ma-sa*

Next $$$

8 E1

Restaurante que, cual máquina del tiempo, cambia radicalmente su menú cada tres meses: la temática puede ir desde la antigua Roma hasta las recetas de Julia Child. *17.00-22.00 mi-do*

Girl & the Goat $$$

9 F2

Restaurante insignia de la chef Stephanie Izard donde se da protagonismo a la cabra, ya sea en la tripa confitada o los cócteles infusionados con grasa del animal. *16.30-22.00 do-ju, hasta 23.00 vi-sa*

Elske $$$

10 C2

Con una estrella Michelin, enamora por su cocina de influencia escandinava (Elske significa "amar" en danés). *17.30-21.00 mi-ju, hasta 22.00 vi-sa, 17.00-21.00 do*

Comida casera de calidad

Au Cheval $$

11 F1

Legendarias hamburguesas con queso cheddar fundido, huevo frito y mostaza de Dijon en tiernos panecillos. *10.00-23.00 lu-sa, hasta 22.00 do*

Rose Mary $$

12 E1

Primer restaurante abierto por el ganador de Top Chef Joe Flamm, donde se resaltan los sabores de la gastronomía croata. *16.30-22.00 do-ju, hasta 23.00 vi-sa*

Roister $$$

13 E1

Restaurante más asequible del afamado experto en gastronomía molecular Grant Achatz donde catar versiones de comida casera como pollo frito y galletas con helado de leche. *almuerzo mi-vi, cena lu-do, brunch sa-do*

Localizaciones en el plano de la p. 118

Localizaciones en el plano de la p. 118

EXPLORA

WEST LOOP Y NEAR WEST SIDE

Monteverde 💲💲
 E2

Restaurante especializado en pasta casera; se recomienda la *cacio whey pepe* (*bucatini* con queso pecorino romano, suero de *ricotta* y una pizca de trufa negra). *11.00-21.30 ma-ju, hasta 22.30 vi-sa*

Comida económica

Bonci 💲
 E1

Primera pizzería fuera de Italia del alabado chef Gabriele Bonci, donde hornean una selección de sus 1500 recetas. *11.00-21.00 lu-sa, hasta 20.00 do*

Publican Quality Meats 💲
 F1

Carnicería y restaurante (más económico que el vecino The Publican) que sirve sopas, ensaladas y sándwiches para almorzar. *10.30-15.00 lu-vi, desde 10.00 sa-do*

Lou Mitchell's 💲
 G4

Clásica cafetería de 1923 que sobrevive como reliquia de la Route 66 entre los rascacielos con sus desayunos y tazas de café imposibles de acabar. *6.00-14.00 mi-vi, desde 7.00 sa-do*

Comida griega en Greektown

Meli Cafe 💲
 F4

Local tan dulce como su nombre ("miel" en griego) donde desayunar con batidos de fruta, creps y torrijas de *jalá*. *7.00-15.00*

Artopolis Bakery & Cafe 💲
 F4

Pasteles, tartaletas con frutos del bosque y *baklava* para los golosos. *8.00-16.00 ma-vi, hasta 18.00 sa-do*

Mr Greek Gyros 💲
 F3

Sencillo puesto de *gyros* abierto hasta las tantas para juerguistas y alumnos de la Universidad de Illinois. *9.00-1.00 lu-mi, hasta 2.00 ju-sa*

Greek Islands 💲💲
 F3

Veterano restaurante familiar con un personal atento que importa queso feta, aceite de oliva y especias de Grecia. *11.00-21.00*

Comida italiana en Little Italy

Al's #1 Italian Beef 💲
 D6

Supuesta cuna del sándwich italiano de ternera, especialidad de Chicago consistente en tierno pan francés relleno de jugoso rosbif con pimientos. *9.00-23.00 lu-vi, desde 10.00 sa*

Scafuri Bakery 💲
 C6

Dulces típicos del sur de Italia como galletas con piñones y *cannoli* junto a delicias estadounidenses como rosquillas de sidra. *8.00-16.00 ju y do, hasta 18.30 vi-sa*

Mario's Italian Lemonade 💲
24 **D6**

Limonada y granizados italianos con tropezones de fruta fresca desde la década de 1950. *10.00-23.00 may-sep*

Tufano's Vernon Park Tap 💲💲
25 **D5**

Clásico restaurante familiar en una arbolada calle residencial que sirve platos italianos a precios moderados, incluidos muchos del día escritos en las pizarras. *11.00-20.30 ma-ju, hasta 21.00 vi, 16.00-21.00 sa, 15.00-20.00 do*

Beber

Cafeterías

Sawada Coffee
 F2

Cafetería accesible por una puerta metálica cubierta de pegatinas que comparte un espacio industrial chic con Green Street Smoked Meats. *8.00-16.00*

Good Ambler
27 E1

Local amplio y tranquilo pese a estar entre las dos principales calles de restaurantes de West Loop (Fulton St y Randolph St). *7.00-17.00 lu-vi, desde 8.00 sa, 8.00-15.00 do*

Ground Up Coffee & Bites
28 E4

Cafetería que fomenta la productividad entre universitarios llegados del campus de la Universidad de Illinois en Chicago (UIC) tras cruzar la carretera interestatal. *6.00-18.00 lu-vi, 7.30-15.00 sa-do*

Froth
29 B3

Cafetería idónea para teletrabajar gracias a múltiples mesas y escritorios. *8.00-19.00*

Coctelerías

Aviary
30 E1

Extravagantes combinados que solo se sirven aquí, a veces con un mechero Bunsen para flambear o con un tirachinas para romper el hielo. *17.00-23.00 do-mi, hasta 24.00 ju, hasta 1.00 vi-sa*

Moneygun
31 G1

Impecables cócteles clásicos en un espacio cuya tenue luz roja evoca la atmósfera de un antro de moda. *17.00-2.00 ma-do*

Enotecas

Press Room
32 D2

Íntimo bar donde degustar cócteles y vinos a la luz de las velas en el sótano de un edificio centenario que otrora fue fábrica de ataúdes y editorial metodista. *16.00-22.00 ma-ju, 17.00-24.00 vi-sa*

City Winery
33 D1

Maridaje perfecto de vinos y comida mediterránea en un local cuya bodega se puede visitar. *16.00-21.00 lu-ma, hasta 22.00 mi-ju, hasta 24.00 vi, 12.00-24.00 sa, hasta 21.00 do*

Comprar

Mercadillos

Randolph Street Market
34 C2

Imitación del londinense Portobello Road Market con cientos de tenderetes que venden alfombras turcas, muebles de estilo *mid-century modern,* bisutería, *pinballs,* ropa *vintage* y vinilos. *10.00-17.00 algunos fines de semana*

Maxwell Street Market
35 G5

Mercado callejero con toda clase de artículos (desde figuras religiosas hasta calcetines) donde también se puede satisfacer el antojo de churros, tamales y otras exquisiteces latinoamericanas. *do may-oct*

Sugerencias de lugares para comer, beber y comprar en **p. 136**

Explora
Pilsen y
Near South Side

Estos barrios ofrecen numerosas actividades, desde visitar el Museum Campus –espacio junto al lago que acoge los popularísimos Field Museum y Shedd Aquarium– hasta admirar arte callejero en Pilsen. Al sur se extiende Chinatown, donde abundan restaurantes de fideos y *dumplings,* arquitectura asiática y letreros escritos en caracteres orientales. Al oeste se emplaza Pilsen, corazón de la comunidad mexicana de Chicago bautizado como la ciudad checa por inmigrantes llegados en el s. XIX; aquí también hay estupendos bares y restaurantes, y un ambiente entre *hipster* y *underground.*

Cómo desplazarse

 Metro (L)
La estación de Roosevelt (líneas roja, naranja y verde) da acceso al Museum Campus; la de Cermak-Chinatown (roja), al barrio chino; y la de 18th Street (rosa), a Pilsen y el National Museum of Mexican Art.

 Autobús
El nº 130 enlaza Union Station con el Museum Campus (fin may-ppios sep), mientras que el nº 146 circula todo el año desde la estación de Berwyn (línea roja), en Andersonville.

Barco
Hay taxis acuáticos que llevan al Museum Campus y a Chinatown.

Chinatown (p. 134).

LO MEJOR

MUSEO
Field Museum (p. 130)

GALERÍA
National Museum of Mexican Art (p. 135)

CULTURA CHINA
Chinatown (p. 134)

ARTE CALLEJERO
Pilsen (p. 132)

MÚSICA EN VIVO
Thalia Hall (p. 135)

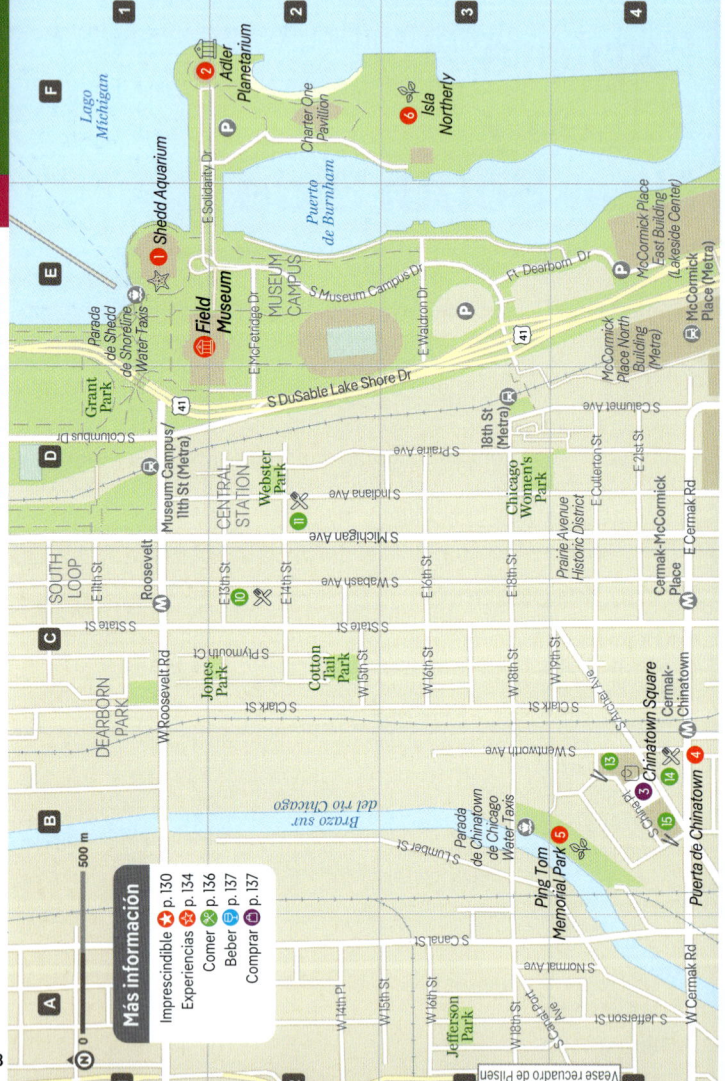

Más información

Imprescindible	p. 130
Experiencias	p. 134
Comer	p. 136
Beber	p. 137
Comprar	p. 137

Lago Michigan

Shedd Aquarium

1 Field Museum

Adler Planetarium 2

Isla Northerly 6

Charter One Pavilion

Puerto de Burnham

MUSEUM CAMPUS

Parada de Shedd de Shoreline Water Taxis

E Solidarity Dr

E McFetridge Dr

S Museum Campus Dr

E Waldron Dr

S DuSable Lake Shore Dr

Grant Park

S Columbus Dr

Museum Campus/ 11th St (Metra)

CENTRAL STATION

Webster Park

Ft. Dearborn Dr

McCormick Place East Building (Lakeside Center) P

McCormick Place (Metra)

McCormick Place North Building (Metra)

18th St (Metra)

Chicago Women's Park

S Prairie Ave

S Michigan Ave

S Indiana Ave

S Wabash Ave

S State St

S Calumet Ave

E Cullerton St

E 21st St

Prairie Avenue Historic District

Cermak-McCormick Place

Cermak-McCormick Place

E Cermak Rd

Roosevelt

E 11th St

E 13th St

E 14th St

10

SOUTH LOOP

S State St

S Clark St

S Plymouth Ct

Jones Park

Cotton Tail Park

W 14th St

W 15th St

W 16th St

W 18th St

W 19th St

DEARBORN PARK

W Roosevelt Rd

S Wentworth Ave

Braza sur del río Chicago

Parada de Chinatown de Chicago Water Taxis

S Lumber St

Ping Tom Memorial Park 5

S Canal St

S Normal Ave

Jefferson Park

W 14th Pl

W 15th St

W 16th St

W 18th St

W 19th St

S Jefferson St

S Canalport Ave

S Stewart Ave

W Cermak Rd

Chinatown Square

3

14

3

5

4

Puerta de Chinatown

Cermak-Chinatown

S Archer Ave

S China Pl

500 m

Véase recuadro de Pilsen

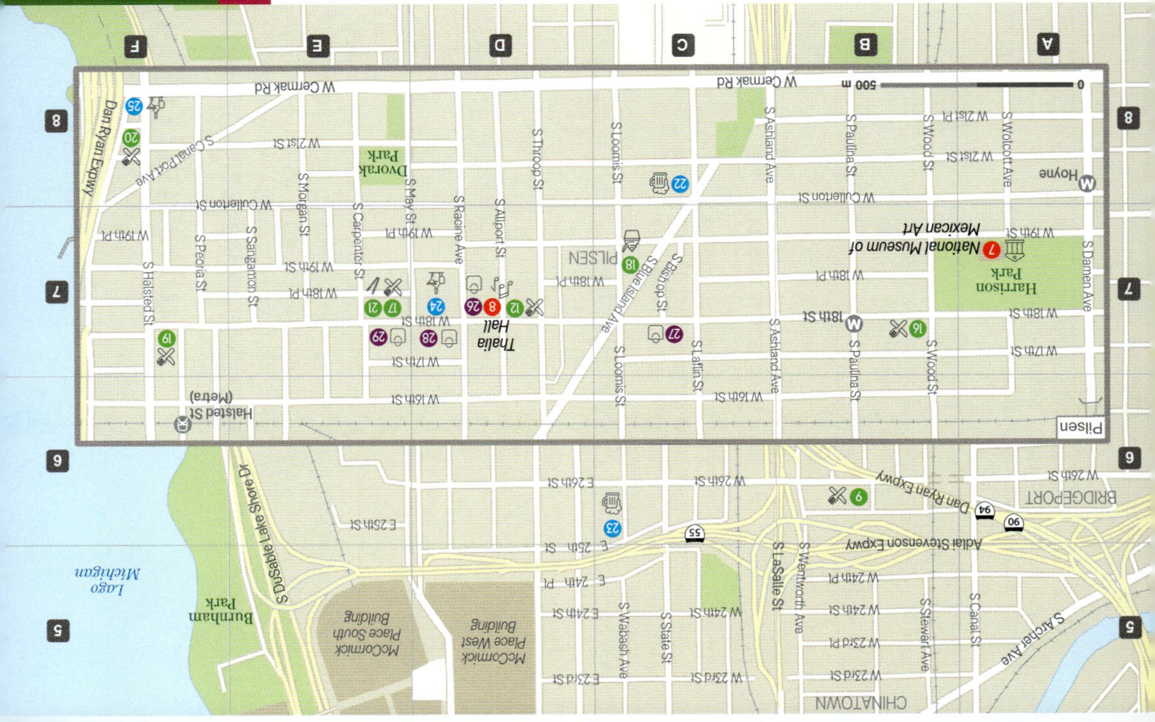
Pilsen
National Museum of Mexican Art
Harrison Park
Thalia Hall
PILSEN
Dvorak Park
Hoyne
18th St
Halsted St (Metra)
W Cermak Rd
Dan Ryan Expwy
S Canal Port Ave
W Cullerton St
W 21st St
W 19th St
W 18th St
W 17th St
W 16th St
W 19th Pl
W 18th Pl
W 21st Pl
S Halsted St
S Peoria St
S Sangamon St
S Morgan St
S Carpenter St
S May St
S Racine Ave
S Allport St
S Throop St
S Loomis St
S Blue Island Ave
S Bishop St
S Laflin St
S Ashland Ave
S Paulina St
S Wood St
S Wolcott Ave
S Damen Ave
500 m
Lago Michigan
Burnham Park
S DuSable Lake Shore Dr
McCormick Place South Building
McCormick Place West Building
E 25th St
E 26th St
E 24th St
E 24th Pl
E 23rd St
S Wabash Ave
S State St
S LaSalle St
S Wentworth Ave
S Stewart Ave
S Canal St
S Archer Ave
W 26th St
W 24th St
W 24th Pl
W 23rd St
W 23rd Pl
Adlai Stevenson Expwy
Dan Ryan Expwy
BRIDGEPORT
CHINATOWN

EXPLORA

PILSEN Y NEAR SOUTH SIDE

Field Museum

El colosal **Field Museum** alberga prácticamente de todo; la estrella de su colección –compuesta por 40 millones de piezas– es *Sue,* el tiranosaurio más grande descubierto hasta la fecha cuyo amenazador esqueleto de 4 m de alto y 12,5 m de largo domina la 2ª planta con feroz aplomo.

PLANO: P. 128 **E1**

CONSEJO
Conviene dedicar al menos media jornada a este enorme museo de 4,5 Ha (último acceso: 16.00).

Escanea este código QR para horarios y entradas.

Dinosaurios
Sue es el dinosaurio más conocido del museo, pero no el primero –ni el mayor– que verá el visitante. El neoclásico salón principal está presidido por *Máximo,* titanosaurio –el animal terrestre más grande que ha existido– que alcanza 8,5 m de alto y 37 m de largo. Otros ejemplares aguardan en la exposición "Evolving Planet" de la 2ª planta, donde también se puede observar a paleontólogos que limpian fósiles.

Mirada al pasado
"Inside Ancient Egypt" recrea una cámara funeraria egipcia con 23 momias humanas en dos niveles; es una reconstrucción de la tumba de Unis-Ankh, hijo del último faraón de la V dinastía que falleció con 21 años en el 2407 a.C.

"Ancient Americas" abarca 13 000 años de historia humana en el hemisferio occidental, aunque a comienzos del 2024 se cubrieron muchas vitrinas debido a cambios en la Ley de Repatriación y Protección de Tumbas de Indígenas Americanos que exigen el consentimiento de las tribus para exponer objetos sagrados y funerarios.

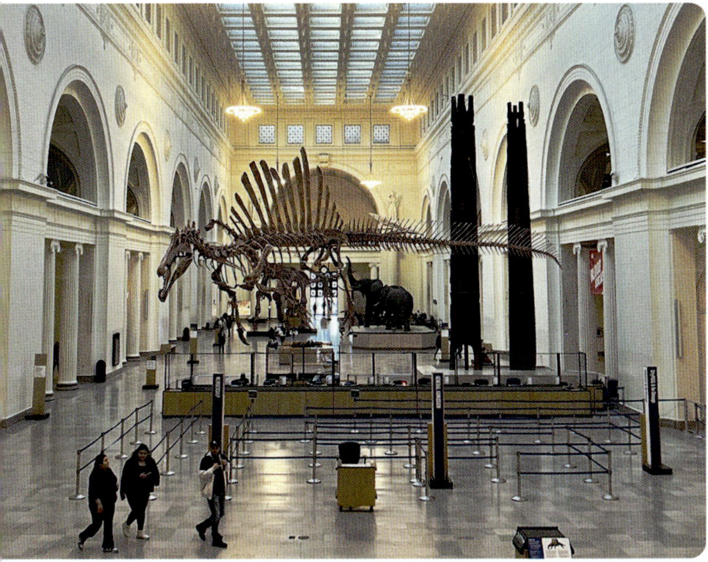

LAUREN KEITH/LONELY PLANET ©

“Native Truths” ofrece una perspectiva moderna de los indígenas a través de arte contemporáneo, música *hip-hop* e historias personales; basta entrar en la réplica a escala real de una cabaña de tierra de los pawnee para familiarizarse con la cultura y las tradiciones de esta tribu.

Piedras preciosas y animales disecados

También merece tiempo la deslumbrante muestra de granates, ópalos, esmeraldas, perlas y diamantes en la sala de Gemas. El mayor león devorador de hombres jamás cazado y disecado hace guardia en el sótano; otros ejemplos del arte de la taxidermia incluyen insectos, aves y Bushman, gorila que durante años atrajo a multitudes al **Lincoln Park Zoo** (p. 82).

UNA PAUSA
Hay un bistró y un café dentro del museo, así como vendedores de perritos calientes en la parte exterior que da al lago; para comer mejor, tocará alejarse.

CIRCUITO A PIE

Pilsen y Near South Side

Los murales, tradicional forma de arte mexicano, inundan de colores los edificios de Pilsen. Este itinerario incluye una pequeña selección; para ganar tiempo, se puede tomar prestada una bici de Divvy junto a la estación de 18th Street.

INICIO	FINAL	DURACIÓN
Estación de 18th Street (línea rosa)	Cooper Dual Language Academy	1,2 km; 1 h

1 Estación decorada

Se parte de la **estación de 18th Street,** cuyas paredes y escaleras están cubiertas de murales –con predominancia de esqueletos y dioses aztecas– pintados en 1998 por el difunto artista local Francisco Mendoza, graduado en la School of the Art Institute of Chicago y profesor en escuelas de Pilsen.

2 Poder femenino

Se avanza al oeste por 18th St y se gira al sur por Wood St para admirar **'All About the Women',** obra que representa a mujeres hispanoamericanas famosas, como Frida Kahlo. Quien necesite energía puede pedir deliciosa comida mexicana en **5 Rabanitos,** en la esquina noreste entre dichas calles.

3 Visiones aztecas

Más al sur, en Wood St, el mural **'Heritage',** obra de la artista de Ciudad de México Senkoe, ocupa toda una fachada: sobre un fondo de brillante color magenta, un joven Xochipilli –dios azteca del amor, el verano y las flores– vigila a los niños que juegan en el Harrison Park.

4 Arte junto a un museo de arte

En la esquina suroeste con 19th St, Sentrock (alias del artista local Joseph Anthony Pérez) pintó **'Under the Street Lights',** protagonizado por una figura infantil que lleva una máscara de pájaro rojo; más adelante se halla el **National Museum of Mexican Art.**

5 Barrio en plena transformación

En el cruce de 19th St y Wolcott St, la obra **'Fight to Stay',** de Héctor Duarte y Gabriel Villa, alienta a los vecinos a resistir a la gentrificación de Pilsen; según datos del censo, esta zona perdió más de 10 000 residentes hispanos del 2011 al 2020.

6 Gulliver mexicano

Duarte, autor de más de 50 murales en toda Chicago, pintó en su propio hogar y estudio el gigantesco **'Gulliver in Wonderland',** en que el viajero está representado como un inmigrante mexicano que intenta liberarse del alambre de púas que lo aprisiona.

7 Mosaicos conmemorativos

Toca ir al este por Cullerton St, virar al norte por Paulina St y detenerse a la altura de 18th Pl para contemplar los mosaicos de la **Cooper Dual Language Academy,** que muestran a distintos ídolos mexicanos, desde la sindicalista agrícola Dolores Huerta hasta el guitarrista Carlos Santana.

EXPERIENCIAS

Sumergirse en el Shedd Aquarium
ACUARIO

PLANO: ❶ P. 128 **E1**

A orillas del lago Míchigan desde 1930, el **Shedd Aquarium** *(shedd aquarium.org, adultos/niños desde 38,70/29,20 US$)* suele ser la atracción más popular de Chicago, pues algunos años supera los dos millones de visitas. Acoge hasta 32 000 criaturas acuáticas, incluyendo nutrias marinas rescatadas, rayas y tiburones con apenas 13 cm de plexiglás como separación.

El acuario monta espectáculos en los que a veces participan belugas y delfines de flancos blancos del Pacífico, práctica cada vez peor vista porque estresa a estos sensibles cetáceos. Con todo, en el 2016, American Humane –organización sin ánimo de lucro que vela por el bienestar animal– concedió a la institución su primera certificación nacional tras una auditoría.

Como se aproxima su centenario, el Shedd Aquarium ha puesto en marcha una renovación para actualizar las exposiciones, añadir más túneles acristalados y mejorar la accesibilidad del edificio. Algunos espacios se han reorganizado y la entrada se ha trasladado temporalmente al lado sur (en teoría, las obras terminarán en el 2027).

Ver estrellas en el Adler Planetarium
PLANETARIO

PLANO: ❷ P. 128 **F1**

Los entusiastas del espacio exterior gozarán de una experiencia estelar en el **Adler Planetarium** *(adler planetarium.org; adultos/niños 25/13 US$)*, que incluye una colección de relojes solares y astrolabios, la cápsula espacial de la misión *Gemini 12* y el primer planetario de Chicago (Atwood Sphere, un orbe de metal rotatorio de 5 m de diámetro con 692 orificios que representa el firmamento nocturno de la ciudad en 1913). Las salas abovedadas acogen proyecciones, muchas orientadas al público infantil.

La escalera delantera del Adler ofrece la mejor perspectiva del perfil urbano. También se aconseja examinar los 12 lados de este edificio de la década de 1930, dedicados a los signos del zodíaco.

Explorar Chinatown
BARRIO

El centenario barrio chino de Chicago, dividido en dos partes, es pequeño, pero bullicioso. En Archer Ave se halla **Chinatown Square** (PLANO: ❸ P. 128 **B4**), centro comercial al aire libre cuyas dos plantas albergan restaurantes, puestos de tentempiés y locales que sirven té de burbujas con techos de pagoda y barandillas rojas. El casco antiguo se extiende al sur por Wentworth Ave desde el cruce con Cermak Rd, donde se alza una gran **puerta** (PLANO: ❹ P. 128 **B4**).

Un breve paseo al noroeste conduce al **Ping Tom Memorial Park** (PLANO: ❺ P. 128 **B4**), espacio verde bañado por el río Chicago que ofrece vistas espectaculares del perfil urbano tras una sucesión de puentes y opciones para surcar las aguas fluviales: se puede alquilar un kayak (fin may-oct) o realizar un crucero con Chicago Water Taxi *(chicagowatertaxi.com)* desde Michigan Ave (mar-oct).

Admirar creaciones latinas en el National Museum of Mexican Art

MUSEO

PLANO: **7** P. 128 **A7**

Fundado en 1982, el gratuito **National Museum of Mexican Art** *(nationalmuseumofmexicanart. org)*, la mayor institución de cultura hispana en EE UU, presume de una colección permanente de 18 000 piezas que ilustra mil años del panorama cultural y artístico hispanoamericano mediante pinturas religiosas, relucientes altares de oro, arte folclórico con esqueletos por doquier, chaquiras y mucho más.

La turbulenta vida política y los líderes revolucionarios de México están bien representados, como las obras sobre César Chávez y Emiliano Zapata. La excelente tienda del museo vende coloridas artesanías mexicanas.

Desmadrarse en el Thalia Hall

MÚSICA EN VIVO

PLANO: **8** P. 128 **D7**

La herencia bohemia del barrio de Pilsen, llamado como la ciudad de la región checa que dio origen al adjetivo, se evidencia en el ornamentado **Thalia Hall** *(thaliahall chicago.com)*, inaugurado en 1892 a imitación de la Ópera de Praga. Este recinto mediano acoge con-

¿ÁRBOLES O AVIONES?

PLANO: **6** P. 128 **F3**

El perfil urbano de Chicago se admira de maravilla desde la **isla Northerly,** en su parque cubierto de praderas al sur del Adler Planetarium. El Plan de Chicago de 1909 había concebido una serie de espacios verdes a orillas del lago Míchigan, pero este fue el único que se materializó.

Al cabo de un tiempo, se construyó un aeropuerto cuya posterior transformación en zona verde resultó polémica: el alcalde Richard M. Daley quería que el lugar volviera a ser un parque, pero había intereses comerciales en mantener la actividad aeroportuaria; en el 2003, Daley forzó su repentina interrupción al ordenar a empleados municipales que excavaran varias X en la pista durante la noche del 30 de marzo.

ciertos de *rock*, *country* alternativo, *jazz* y *metal,* pero es digno de visita en todo caso.

En el sótano está **Punch House** *(punchhousechicago.com),* especie de *speakeasy* estilo años 70 con iluminación tenue, paredes de madera y una pecera inmensa. El contiguo **Tack Room** *(tackroom chicago.com)* es un alegre piano-bar donde los intérpretes suelen aceptar peticiones de los clientes y cederles el protagonismo.

Lo mejor para...

⑤ Económico   ⑤⑤ Medio   ⑤⑤⑤ Alto

Localizaciones en el plano de la **p. 128**

Comer

Clásicos de Chicago

Ricobene's ⑤

 B6

Histórico local cuyo sándwich de milanesa (900 g) se cuenta entre los mejores del país. *9.00-0.30 lu-ju, hasta 2.00 vi, 10.00-2.00 sa, hasta 24.00 do*

Flo & Santos ⑤⑤

10 **C2**

Establecimiento de barrio que sirve *pizza* "estilo taberna" (con corteza finísima y salsa dulce), *pierogis* y tortitas de patata. *11.00-22.00 do-mi, hasta 22.30 ju, hasta 23.00 vi-sa*

Para darse un homenaje

Chicago Firehouse Restaurant ⑤⑤⑤

11 **D2**

Bolas de masa con rellenos originales como cordero y cilantro, cerdo y huevas de cangrejo o ternera wagyu y trufa. *11.30-21.00 do-ju, hasta 22.00 vi-sa*

S.K.Y. ⑤⑤⑤

12 **D7**

Restaurante chic, pero nada pretencioso, cuyo menú de degustación a buen precio incorpora influencias asiáticas a la nueva cocina estadounidense (se recomiendan los *dumplings* de langosta). *17.00-22.00 do-ju, hasta 22.30 vi-sa, brunch 10.00-14.00 sa-do*

Comida china en Chinatown

Qing Xiang Yuan Dumplings ⑤⑤

13 **B4**

Bolas de masa con rellenos originales como cordero y cilantro, cerdo y huevas de cangrejo o ternera wagyu y trufa. *11.30-21.00 do-ju, hasta 22.00 vi-sa*

Phoenix ⑤⑤

14 **B4**

Gran restaurante donde innumerables carritos reparten platitos de *dim sum* a los hambrientos comensales. *10.00-21.00*

Chi Cafe ⑤

15 **B4**

Local abierto hasta tarde cuya vasta oferta abarca desde arroz *congee* con vieiras hasta espaguetis con carne picada de cerdo. *16.00-2.00 ju-lu, hasta 24.00 mi*

Comida mexicana

5 Rabanitos ⑤

16 **B7**

Insólitas combinaciones de especias y moles adictivos que acentúan el sabor de platos como la *torta ahogada* (sándwich de cerdo empapado en salsa de chile). *11.00-21.00 lu-ju, hasta 22.00 vi, 9.00-22.00 sa, hasta 21.00 do*

Carnitas Don Pedro ⑤

17 **E7**

Modesto puesto de carnitas (el mejor de los muchos en 18th St) donde solo aceptan efectivo y prefieren hablar español. *6.00-16.00 lu-ju, desde 5.00 vi-do*

La Michoacana Premium ⑤

18 **C7**

Heladería de un rosa fluorescente a la que en noches calurosas acude todo el barrio para degustar polos de tamarindo, piña y mango. *7.00-23.00 lu-ju, hasta 24.00 vi-do*

Yvolina's Tamales
19 F7

Decenas de tipos de tamales, muchos con atípicos rellenos vegetarianos como quinoa y lentejas o berenjena y queso. *11.00-18.00 vi-mi*

Comida internacional
Pleasant House Pub
20 F8

Excelentes clásicos británicos como tartas saladas con puré de patatas y salsa *gravy*, pollo *tikka* al curri y *fish and chips. 10.00-21.00 do y ma-ju, hasta 22.00 vi-sa*

HaiSous Vietnamese Kitchen
21 E7

El chef Thai Dang aplica su sofisticada formación en una tradicional escuela de cocina francesa a la gastronomía vietnamita con resultados fenomenales. *16.00-21.00 mi-do*

Beber
Cervecerías
Alulu Brewery & Pub
22 C8

Degustaciones a elegir entre 20 cervezas de barril de la casa en mesas de madera reciclada junto a bohemios de Pilsen. *15.00-23.00 lu-ju, hasta 24.00 vi, 12.00-24.00 sa, hasta 23.00 do*

Moody Tongue
23 C6

Primera cervecería del mundo que recibe dos estrellas Michelin por el maridaje perfecto entre nueva cocina estadounidense y cervezas propias como una IPA al lichi o una Pilsener a la trufa negra. *17.00-22.00 mi-sa*

Bares de moda
Pilsen Yards
24 D7

Popular local que tiene un patio enorme y una carta de inspiración mexicana con tequila y tacos; búsquese el acceso a The Alderman, bar clandestino con 16 asientos. *15.00-22.00 mi-ju, hasta 23.00 vi, 11.00-23.00 sa, hasta 21.00 do*

Skylark
25 F8

Bar cuya artística clientela juega al *pinball*, se divierte con el fotomatón, sorbe cócteles cargados y engulle exquisitos *tater tots*. Solo efectivo. *16.00-2.00 do-vi, hasta 3.00 sa*

Comprar
Artículos 'vintage' y menaje
Knee Deep Vintage
26 D7

Prendas *vintage* para hombre y mujer confeccionadas entre las décadas de 1940 y 1990 en el edificio del Thalia Hall. *12.00-20.00 lu-ju, desde 11.00 vi-sa, 12.00-18.00 do*

Mestiza
27 C7

Tienda de regalos propiedad de hispanos *queer* con cerámica, cuadros, ropa y joyas de artistas locales o empresas de comercio justo. *11.00-18.00 ma-vi, hasta 17.00 sa-do*

Shudio
28 D7

Tienda-estudio que vende ropa femenina *vintage,* macetas, terrarios y joyas de factura propia. *11.00-18.00 mi-sa, hasta 17.00 do*

Libros
Pilsen Community Books
29 E7

Estanterías llenas de libros de ficción, poesía y filosofía, algunos en español. *11.00-19.00 lu-vi, hasta 18.00 sa, hasta 17.00 do*

★ MERECE LA PENA

Griffin Museum of Science & Industry

El **Griffin Museum of Science & Industry,** el museo de ciencia más grande del hemisferio occidental, ocupa un edificio construido para la Feria Mundial de 1893 y sorprende con un submarino alemán de la II Guerra Mundial, una mina de carbón a escala real y una maqueta ferroviaria de 325 m².

CONSEJO

Este gigantesco museo merece un día entero. Para evitar las largas colas que se forman en verano y cuando hay exposiciones populares, se recomienda comprar las entradas en línea con antelación; también se pueden reservar antes los extras, incluido el submarino.

Escanea este código QR para horarios y entradas.

Planta 1ª

La 1ª planta alberga el **submarino U-505** (foto), tan largo como una manzana de la ciudad. Hubo que remolcarlo casi 5000 km por la vía marítima del San Lorenzo y cuatro de los cinco Grandes Lagos, aunque resultó más complicado el tramo terrestre de 250 m entre el lago Míchigan y el museo. El gran aliciente es subir a bordo y recorrer su claustrofóbico interior (coste adicional); se ha montado una instalación hollywoodense con focos azules y música dramática de fondo. En un espacio interactivo, el visitante puede intentar descifrar códigos.

No hay que perderse el módulo lunar de la misión *Apolo 8* ni la casa de muñecas apodada "castillo de hadas" por sus diamantes auténticos.

Plantas 2ª y 3ª

En la 2ª planta hay muchos trenes en miniatura, pues la atracción principal es una **maqueta ferroviaria** que recrea el trayecto de 3550 km entre Chicago y Seattle con 425 m de vías. "Science Storms" permite simular un tornado y un tsunami. También se puede acceder a una realista mina de carbón (primera exposición del museo cuando se inauguró en 1933; coste adicional) y a un espacio donde nacen polluelos.

Del techo de la 3ª planta cuelgan bombarderos con emblemas nazis, cazas Spitfire británicos y un

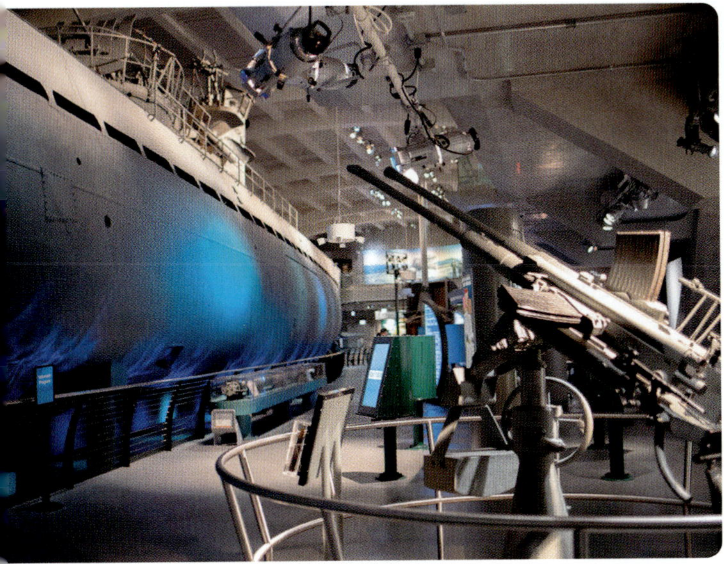

MICHAEL GORDON/SHUTTERSTOCK ©

Boeing 727 de la década de 1960 que se puede ver por dentro. En "YOU! The Experience", los cadáveres humanos expuestos llevan décadas asustando a los niños.

Atractivos en el exterior

El museo fue el Palacio de Bellas Artes en la Feria Mundial de 1893, celebrada en el **Jackson Park.** El **Garden of the Phoenix,** vestigio del pabellón nipón, flota en la isla Wooded; este apacible jardín japonés, que parece distar años luz de la urbe, presenta un puentecito, una cascada, caminos de piedras y un estanque de carpas *koi,* así como más de 190 cerezos que atraen a una muchedumbre cuando florecen en abril o mayo. Ante el acceso principal del jardín se yergue *Sky Landing,* escultura de Yoko Ono compuesta por 12 grandes pétalos de loto en acero.

UNA PAUSA

El restaurante del museo (en la planta baja) sirve hamburguesas, *pizzas* y más opciones aptas para los peques. Al oeste, por 55th St, **Saucy Porka** propone platos de fusión asiática y portorriqueña.

Oak Park

Este municipio en la periferia de Chicago, accesible en metro (L) o tren de cercanías (Metra), acoge la mayor concentración mundial de edificios diseñados por Frank Lloyd Wright, incluido su propio hogar y estudio de 1889 a 1909, donde ahora se realizan visitas guiadas. Este itinerario abarca algunas de las 25 obras del célebre arquitecto.

INICIO	FINAL	DURACIÓN
Hogar y estudio de Frank Lloyd Wright	Unity Temple	1,2 km; 45 min

❶ Etapa inicial

El **hogar y estudio de Frank Lloyd Wright** en Oak Park, que él mismo proyectó con solo 22 años como punto de partida de su carrera, abre únicamente para visitas guiadas que se pueden reservar en línea con antelación *(flwright.org/tour/home-and-studio);* el recorrido de 1 h revela un lugar fascinante repleto de mobiliario original diseñado por el propio arquitecto y patrones geométricos que caracterizaron el estilo de la pradera.

❷ Rareza arquitectónica

Toca ir al sur por Forest Ave, calle flanqueada a ambos lados por residencias que concibió Wright. Una de las más inusuales es la **Nathan G. Moore House** (nº 333); en 1895, el abogado Nathan Moore solicitó una casa de estilo neotudor, requisito que Wright aceptó a regañadientes porque era su primer encargo independiente y necesitaba el dinero.

❸ Diseño influyente

Enfrente (nº 318), la **Arthur Heurtley House** (1902) es mucho más fiel al sello personal de Wright con un techo bajo, largas líneas horizontales, ventanas de vidrio de plomo y ladrillo romano.

❹ Precursora de la casa de la cascada

Hay que desviarse al este por Elizabeth Ct para admirar la **Laura Gale House** (nº 6) oculta entre altos árboles; es una vivienda más modesta que la mayoría de sus vecinas, pero Wright la describió por sus balcones voladizos como "progenitora de la casa de la cascada", la residencia Kaufmann, en Pensilvania, su construcción más famosa.

❺ Arquetipo del estilo de la pradera

Acto seguido, se vuelve a Forest Ave y se sigue hasta la **Frank W. Thomas House** (nº 210), que Wright consideraba su primera casa en estilo de la pradera. La puerta principal queda parcialmente escondida por arcos; los diseños del arquitecto a menudo invitan a "descubrir" la entrada tras unas cuantas vueltas.

❻ Busto en piedra

Junto al acceso a los **Austin Gardens** hay un busto de Frank Lloyd Wright tallado en una roca.

❼ Salve al arquitecto

Tras continuar al sur por Forest Ave, se gira al este por Lake St y se avanza hasta la esquina con Kenilworth Ave para alcanzar el **Unity Temple** (1908), descomunal cubo de hormigón que acoge una iglesia unitaria; el viajero puede explorar el templo a su aire durante 45 min (lu-sa) o unirse a una visita guiada de 45 min (lu-vi).

Guía práctica

Perfil urbano de Chicago junto al lago Míchigan.
SEAN PAVONE/SHUTTERSTOCK ©

Viajar en familia

En Chicago hay un montón de alicientes para los peques, desde los gigantescos esqueletos de dinosaurio del Field Museum y los adorables animales marinos del Shedd Aquarium hasta cruceros por el lago e incontables pizzerías.

Ofertas y descuentos

Niños y adolescentes entran gratis o a precio reducido en numerosos puntos de interés: los menores de 14 años no pagan en el **Art Institute of Chicago** (p. 42), igual que las familias con menores de 17 que acceden al **Chicago History Museum** (p. 86); en el Griffin **Museum of Science & Industry** (p. 138), los visitantes de 3-11 años tienen descuento.

EXPLAYARSE EN LA PLAYA

Entre el Día de los Caídos (fin may) y el del Trabajo (ppios sep) hay socorristas que vigilan más de 40 km de playas en el lago Míchigan, todas gratuitas. **Escanea el código QR para consultar la calidad del agua e indicaciones para bañistas.**

 ### Comida paradisíaca

Las especialidades más famosas de Chicago –*deep-dish pizza* y perritos calientes– son perfectas para los críos. La ciudad está repleta de restaurantes familiares con un abanico de propuestas que convencen hasta a los más quisquillosos: muchos ofrecen un económico menú infantil y opciones idóneas para niños como *nuggets* de pollo, hamburguesas, *pizzas* y sándwiches de queso a la plancha.

 ### Recursos

En las webs de Chicago Parent (chicagoparent.com) y Chicago Kids (chicagokids.com) figuran eventos de interés para los peques.

 ### Transporte público

Hasta cumplir 7 años, los niños viajan gratis en el metro (L) y el autobús; de los 7 a los 11, pagan una tarifa reducida.

Bronzeville Children's Museum

En South Side se ubica el primer y único museo infantil del mundo dedicado a la historia afroestadounidense; sus exposiciones, ideales para niños de entre 4 y 9 años, se centran en la vida de esta población en Chicago y el resto del país.

Alojamiento

Chicago ofrece la posibilidad de dormir en rascacielos emblemáticos, pero no sale precisamente barato.

Si te gusta...

Arquitectura impresionante

El Loop (p. 35) Aquí predominan atractivos hoteles-*boutique* a tiro de piedra de parques, espacios que acogen festivales, museos y el Theater District.

Compras

Near North y Navy Pier (p. 57) La zona con más hoteles de Chicago es buena opción para los adictos a las compras, pues hay innumerables tiendas en Michigan Ave (la Milla Magnífica) y las calles circundantes.

Vida nocturna

Lake View y Wrigleyville (p. 91) Se puede salir de fiesta hasta las tantas y tambalearse hasta la cama de un albergue o un alojamiento *boutique* (cada vez más frecuentes en el barrio).

Estancias de lujo

Gold Coast (p. 69) Distrito residencial con una excelente selección de hoteles de categoría próximos al lago y a los lujosos negocios de la Milla Magnífica.

Experiencias locales

Wicker Park, Bucktown y Ukrainian Village (p. 105) Esta parte de la ciudad (a solo 15 min en metro del centro, pero sin turistas) destaca por una animada vida nocturna y una interesante oferta comercial.

IMPRESCINDIBLE

Nos encanta...

West Loop y Near West Side (p. 117) West Loop presume de hoteles muy de moda –como The Hoxton, Nobu y Soho House– con acceso cómodo a los populares bares y restaurantes de la zona; para llegar al Loop y sus atracciones basta cruzar el río, pero se paga un precio elevado por estos privilegios.

CUÁNTO CUESTA

Cama en albergue **desde 50 US$**

Doble en hotel o B&B **desde 175 US$**

Doble en hotel de lujo **desde 400 US$**

145

Comida, bebida y fiesta

Alergias e intolerancias

Las alergias e intolerancias alimentarias no deberían suponer ningún problema en los restaurantes de Chicago; de hecho, en muchos de gama media y alta preguntan de entrada a los comensales si tienen alguna. Si la carta no incluye información al respecto o existen requisitos específicos o estrictos, es mejor hablar con el personal antes de pedir.

¡NO AL KÉTCHUP!

El auténtico perrito caliente al estilo de Chicago se acompaña con mostaza, cebolla, pepinillo, tomate, pimiento y salsa relish, jamás lleva kétchup.

--- **BARRIOS INTERNACIONALES** ---

En Chicago, el histórico flujo migratorio ha dado lugar a una variada oferta gastronómica que incluye comida mexicana en Pilsen, té de burbujas y *dim sum* en Chinatown, vino y *baklava* en Greektown, y especialidades eslavas en los bares y restaurantes de Ukrainian Village.

Sin reserva

Conviene reservar en restaurantes de gama media y alta, sobre todo el fin de semana. Para comer en sitios populares sin previo aviso habrá que llegar cuando abran o un poco antes; acúdase con la batería del móvil cargada, pues en muchos casos anotan nombre y teléfono, invitan a esperar cerca (p. ej., en un bar) y avisan cuando la mesa está lista.

Cómo pagar la cuenta

Es muy sencillo. Normalmente, dejan la cuenta en la mesa cuando los comensales están a punto de terminar; aunque lo hagan antes de que alguien lo pida, no es para meter prisa. Si se usa una tarjeta bancaria, el camarero se la lleva junto con la cuenta a donde está el datáfono –en vez de traer el aparato a la mesa como en Europa– y regresa con dos copias del recibo: una que el cliente firma, y otra que puede conservar.

PRECIOS

Estos rangos se refieren al coste medio de un plato principal.

**$** menos de 15 US$
**$$** 15-25 US$
**$$$** más de 25 US$

HORARIOS

Desayuno
7.00/8.00-11.00

Almuerzo
11.00/11.30-14.30

Cena 17.00/18.00-22.00 do-ju, hasta 23.00/24.00 vi-sa

Salir

Cervecerías artesanales Chicago tiene una larga tradición cervecera; aparte de marcas típicas como Pabst y Old Style, se encuentran variedades artesanales mejores gracias a multitud de pequeños productores como los de West Loop y la Malt Row de Ravenswood.

Coctelerías y destilerías La moda de los cócteles artesanales está en pleno apogeo; las destilerías proporcionan licores a los mixólogos, expertos en combinarlos con zumos recién exprimidos y otros ingredientes.

Antros En los bares de Chicago, que por fuera lucen emblemas de la cerveza Old Style o Hamm, suele haber dianas de dardos y mesas de billar desgastadas, clientes con gorras de los Cubs, los White Sox, los Bears o los Blackhawks y televisores que retransmiten eventos deportivos.

Clubs Los locales nocturnos se concentran en River North y West Loop (enormes y lujosos); en Wicker Park y Ukrainian Village (más informales); y en Wrigleyville y Northalsted (a medio camino).

CUÁNTO CUESTA

'Deep-dish pizza'
25 US$

Comida (asador)
50-100 US$

Cerveza (bar)
8 US$

Perrito caliente
4,95 US$

Sándwich italiano de ternera 11 US$

Café con leche
5 US$

Chupito de Malört
5 US$

Comunidad LGTBIQ+

Chicago es una de las ciudades de EE UU más abiertas a la cultura LGTBIQ+.

 Barrios

El colectivo LGTBIQ+ tiene una fuerte presencia en Chicago. **Northalsted** (p. 94), antes llamado Boystown, se considera el barrio gay más antiguo del país; su arteria principal, N Halsted St, está llena de animados locales de *drag* y de ambiente, sobre todo entre Belmont Ave y Grace St. Aquí también se celebran en verano el **Desfile del Orgullo** (p. 95) y el **festival Northalsted Market Days** (p. 95), cuyos asistentes (gais y heteros) deambulan entre tenderetes a lo largo de Halsted St junto a *drag queens* con atuendos fabulosos y un gentío que escucha música en vivo.

Andersonville es un barrio más tranquilo frecuentado tradicionalmente por lesbianas, aunque su popularidad entre hombres homosexuales no para de aumentar. **Uptown** y **Rogers Park** también acogen parte de la comunidad LGTBIQ+.

IMPRESCINDIBLE

Cultura 'leather'

El **Leather Archives & Museum** es un museo para adultos dedicado al cuero, el *kink* y el fetichismo cuya colección comprende arte erótico y archivos de activistas, artistas y organizaciones LGTBIQ+; se ubica muy al norte, en el barrio de Rogers Park.

HISTORIA DE LOS DERECHOS LGTBIQ+

En la década de 1920, el inmigrante alemán Henry Gerber fundó la primera asociación de EE UU en defensa de los derechos gais con sede en su casa de Chicago **(1710 N Crilly Court).**

NEW AFRICA/SHUTTERSTOCK ©

—— **DESFILE DEL ORGULLO** ——

El último domingo de junio, coloridas carrozas y atrevidos parranderos atestan Northalsted.

Recursos

● **purpleroofs.com** Directorio de alojamientos, agencias de viajes y operadores turísticos para personas *queer* en Chicago y el resto del mundo. ● **windycitymediagroup. com** Web de un semanario local con información sobre eventos para la comunidad LGTBIQ+.

Salud y seguridad

Chicago no es un destino particularmente peligroso, pero hay que usar el sentido común como en toda urbe.

SEGURO MÉDICO

En EE UU, la asistencia sanitaria tiene un coste prohibitivo y se pueden exigir cifras desorbitadas incluso en casos de entidad menor; para evitar dicho riesgo, es esencial contratar un seguro antes de partir si el país de origen no cubre los gastos médicos en territorio estadounidense.

Máximas y mínimas

La temperatura llega a oscilar entre -30°C y 40°C, lo cual se debe tener en cuenta a la hora de vestirse. En invierno, se recomiendan las capas: ropa interior térmica o prendas finas ajustadas al cuerpo, algo más grueso encima (sudadera, chaqueta ligera o chaleco) y, por último, un abrigo cálido; también se aconseja llevar guantes, gorro y botas con buen agarre para no resbalar con el hielo en calles, escaleras y andenes.

⚠️ Clima extremo

El clima extremo puede ocurrir en cualquier época del año. Hay que descargar la app de emergencias de la Cruz Roja para recibir alertas.

Criminalidad

Chicago tiene mala fama por los delitos violentos, si bien se concentran en unos pocos barrios del oeste y el sur. Aunque las zonas turísticas son razonablemente seguras, hay que tomar las precauciones habituales, sobre todo por la noche. Menudean los robos de móviles, por lo que es mejor usarlo con disimulo.

FARMACIAS

Hay farmacias de Walgreens y CVS por toda la ciudad, pero también se encuentran medicamentos de venta libre en supermercados y tiendas de conveniencia.

A TENER EN CUENTA

Marihuana
El uso recreativo del cannabis es legal para mayores de 21 años.

Seguridad
Más vale poner un candado a la bici y cerrar el coche con llave.

Alcohol
No se permite abrir recipientes con alcohol en público, pero en ciertos sitios hacen la vista gorda.

Turismo responsable

He aquí unos consejos para reducir la huella ecológica, respaldar a la comunidad local y ejercer un impacto positivo.

Llegar en tren

Si el viajero ya está en EE UU, en vez de ir a Chicago en avión o coche puede tomar un tren de Amtrak (amtrak.com) a la Union Station; la ciudad ofrece más servicios ferroviarios que ninguna otra del país que la conectan en menos de 7 h con destinos de la región de los Grandes Lagos y el Medio Oeste como Milwaukee, Kansas City, San Luis y Detroit. También terminan aquí líneas de larga distancia, incluidas la California Zephyr (desde el área de la bahía de San Francisco) y la Empire Builder (desde Seattle).

Desplazarse en transporte público

La red urbana de autobuses y trenes abarca los dos aeropuertos, museos, parques, playas, los estadios Wrigley Field y Soldier Field y otros lugares clave.

DE IZDA. A DCHA.: MARKUS MAINKA/
SHUTTERSTOCK ©, EQROY/SHUTTERSTOCK ©,
JAMES ANDREWS1/SHUTTERSTOCK ©

IMPRESCINDIBLE ★

Pulmón verde

Millennium Park
(p. 38), oasis urbano de 10 Ha sobre un garaje, contribuye a reducir la isla de calor y a regular el consumo energético.

Sumarse al veganismo

Carl Sandburg describió Chicago como "matadero mundial" en un poema de 1914. Aunque aún triunfan los asadores, la oferta vegetariana y vegana crece a pasos agigantados. Casi todos los restaurantes proponen alternativas sin carne, pero cada vez hay más especializados en comida vegana en Wicker Park, Bucktown y Ukrainian Village.

Recursos

● **greencitymarket.org** Información sobre mercados agrícolas, incluido horarios y vendedores. ● **naturemuseum.org/exhibits/the-sustainability-center** Información sobre una exposición interactiva centrada en la sostenibilidad.

PLANTA REINVENTADA

Las empresas presentes en la antigua instalación de procesamiento de carne **The Plant** (insidetheplant.com) intentan dar un uso práctico a los residuos; p. ej., el bagazo de cerveza procedente de Whiner Beer Company se transforma en compost para el jardín.

Moverse en bici

Chicago tiene 750 km de vías ciclistas y un sistema de bicicletas compartidas llamado Divvy (divvybikes.com) con más de 800 estaciones y 15 000 bicis (normales y eléctricas) y patinetes eléctricos. Divvy, disponible en toda la urbe (606 km^2), es el mayor sistema de este tipo en Norteamérica. Los vehículos se alquilan por trayecto (1 US$ más 0,18 US$/min para bicis estándares) o día (18,10 US$ para viajes ilimitados de hasta 3 h cada uno en 24 h).

ACCIÓN CLIMÁTICA

El **Climate Action Museum,** próximo a la Union Station y gratis, explica cómo frenar el calentamiento global mediante cambios a escala local. **Escanea el código QR para los horarios.**

🌍 El cambio climático y los viajes

Es imposible ignorar el impacto de nuestros viajes y la importancia de hacer cambios. Lonely Planet anima a todos los viajeros a involucrarse en su huella de carbono, ligada principalmente a los desplazamientos aéreos. Aunque a menudo no existe alternativa, uno puede minimizar el número de vuelos, elegir aeronaves más modernas o usar medios de transporte terrestre menos contaminantes como el tren. Por desgracia, comprar compensaciones de carbono no anula el impacto de volar. La mayoría de los destinos dependerán de la industria de la aviación en el futuro próximo; de momento, pues, lo mejor es viajar por tierra en la medida de lo posible.

La **calculadora de la ONU para medir la huella de carbono** muestra cómo inciden los vuelos en las emisiones del núcleo familiar.

La **calculadora de emisiones de carbono de la OACI** permite cuantificar el CO$_2$ generado por trayectos punto a punto.

Accesibilidad

 Transporte público

Todos los autobuses y vagones de la Chicago Transit Authority (CTA) cumplen los requisitos de accesibilidad, pero solo se puede decir lo mismo del 70% de las estaciones de metro (L); consúltese la lista en transitchicago.com/accessibility/accessible services/.

Los autobuses de la CTA, que realizan 10 000 paradas en 130 rutas, están dotados de rampas, asientos reservados y espacios para sillas de ruedas.

Alojamiento

La ley federal de EE UU exige que los hoteles construidos o reformados después de 1993 sean accesibles para personas con discapacidad. En todos los barrios de Chicago hay alojamientos con habitaciones accesibles para todos los bolsillos.

ART INSTITUTE OF CHICAGO

El **Art Institute of Chicago** (p. 42) facilita el kit TacTile para apreciar lo mejor de su colección a través del tacto. La aplicación del museo incorpora salida de audio por Bluetooth compatible con audífonos.

 Instalaciones aeroportuarias

Los aeropuertos O'Hare y Midway ofrecen plazas de aparcamiento y baños accesibles para personas con discapacidad, asistencia en el control de seguridad y áreas destinadas a animales de servicio.

IMPRESCINDIBLE

Muchos puntos de interés, incluidos **Millennium Park** (p. 38), el **Wrigley Field** (p. 92) y la **Willis Tower** (p. 44), son accesibles en silla de ruedas, igual que la mayoría de los museos. Ciertos lugares, como el **Field Museum** (p. 130), ofrecen bolsas sensoriales con auriculares, gafas de sol y dispositivos de ayuda para visitantes con autismo e indican qué exposiciones incluyen ruidos fuertes y/o luces brillantes. También se puede entrar en silla de ruedas a los teatros, que proporcionan audífonos e interpretación en lengua de signos.

PLAYAS Y SENDEROS

Quienes se desplazan en silla de ruedas pueden recorrer hermosos senderos a orillas del lago y usar allí baños adaptados. Las playas de Ohio Street y North Avenue tienen caminos y alfombras accesibles.

Recursos

● **choosechicago.com/plan-your-trip/accessibility-in-chicago**
Información sobre accesibilidad del consorcio de turismo.

Lo esencial

Horario comercial

Empresas y bancos
9.00-17.00 lu-vi

Bares 17.00-2.00 (hasta 3.00 sa); algunos con licencia hasta 4.00 (o 5.00 sa)

Clubs nocturnos
22.00-4.00; a menudo cerrados lu-mi

Restaurantes Desayuno 7.00-11.00; almuerzo 11.00-14.30; cena 17.00-22.00 do-ju, hasta 23.00/24.00 vi/sa

Tiendas 11.00-19.00 lu-sa, 12.00-18.00 do

A TENER EN CUENTA

Hora local Hora estándar del centro (GMT/UTC -6)
Código de país +1
Emergencias 911
Población
2 700 000 hab.

ELECTRICIDAD
120V/60Hz

Fiestas oficiales

Bancos, escuelas, oficinas y la mayoría de tiendas cierran estos días.

Año Nuevo 1 de enero

Día de Martin Luther King Jr. Tercer lunes de enero

Día de los Presidentes Tercer lunes de febrero

Día de Pulaski
Primer lunes de marzo (oficinas municipales)

Día de los Caídos
Último lunes de mayo

Juneteenth o Día de la Emancipación 19 de junio

Día de la Independencia
4 de julio

Día del Trabajo Primer lunes de septiembre

Día de Colón o Día de los Indígenas Segundo lunes de octubre

Día de los Veteranos
11 de noviembre

Día de Acción de Gracias Cuarto jueves de noviembre

Navidad 25 de diciembre

Fumar

Está prohibido fumar cigarrillos tradicionales o electrónicos en recintos públicos y a menos de 4,5 m de puertas y ventanas de lugares de trabajo y espacios públicos, así como en los parques urbanos.
Es legal consumir cannabis en establecimientos con licencia y propiedades privadas, pero no se permite fumar marihuana en parques, calles ni aceras.

Índice

Puntos de interés p. 000
Págs. de los planos **p. 000**

Véase también los subíndices:

🟢 **Comer p. 157**

🔵 **Beber p. 158**

🟣 **Comprar p. 159**

Comer

Beber

La opinión del lector

Nos encanta escuchar a los viajeros, ya que con sus comentarios nos ayudan a mejorar nuestros libros. Podéis escribirnos a lonelyplanet.com/contact; leemos todos los mensajes y garantizamos que estos lleguen a los autores.

Nota: Es posible que algunos fragmentos de estos mensajes aparezcan en nuevas ediciones de las guías Lonely Planet, en la web o en productos digitales. Si preferís que vuestro contenido o nombre no sean publicados, por favor, indicadlo claramente. Para obtener una copia de nuestra política de privacidad, podéis visitar lonelyplanet.com/legal.

geoPlaneta
Av. Diagonal 662-664, 08034 Barcelona
www.geoplaneta.com – www.lonelyplanet.es

Lonely Planet Global Limited
Lonely Planet Global Limited, Digital Depot,
The Digital Hub, Dublín D08 TCV4, Irlanda
www.lonelyplanet.com
Contacta con Lonely Planet en: lonelyplanet.com/contact

Chicago de cerca
4ª edición en español – mayo del 2025
Traducción de *Pocket Chicago*, 6ª edición – enero del 2025
© Lonely Planet Global Limited
1ª edición en español – febrero del 2010

Editorial Planeta, S.A.
Av. Diagonal 662-664, 7º. 08034 Barcelona (España)
Con la autorización para la edición en español de Lonely Planet Global Limited, Digital Depot,
The Digital Hub, Dublín, D08 TCV4, Irlanda

© Textos y mapas: Lonely Planet, 2025
© Fotografías: según se relaciona en cada imagen, 2025
© Edición en español: Editorial Planeta, S.A., 2025
© Traducción: Eduard Portas, 2025

ISBN: 978-84-08-29749-9
Depósito legal: B. 18.622-2024
Impresión y encuadernación: Unigraf
Printed in Spain – Impreso en España